왜
신라에만
여왕이
있었을까?

07
역사공화국
한국사법정

교과서 속 역사 이야기, 법정에 서다

비담 vs 선덕여왕

왜 신라에만 여왕이 있었을까?

글 정명섭 · 박지선 | 그림 안희숙

|주|자음과모음

흔히 '역사는 승자의 기록'이라고 합니다. 역사를 공부하는 저 역시 이를 굳이 부정하고 싶지 않습니다. 그렇다면 대부분의 역사는 믿기 어렵다는 말이 될 수 있습니다. 하지만 승자의 기록이 역사로 완성될 수 있는 것은 양심적인 학자들 덕분입니다. 학자들이 고생을 무릅쓰고 기록에서 틀린 것을 바로잡고 빠진 부분을 채워 넣었기 때문에 올바른 역사를 대할 수 있는 것이며, 이런 면에서 이 글을 쓴 정명섭 작가는 훌륭한 학자로 손색이 없는 사람입니다.

정명섭 작가가 이번에 다룬 역사도 매우 흥미롭습니다. 우리 역사에 존재했던 여왕의 의미와, 아직 발굴되지 않은 진실을 매우 상세히 소개하였는데, 이는 지금까지 없었던 시도로 보입니다. 세계적으로 여성이 왕이 되는 것은 극히 드물고, 우리나라 역시 그랬습니다. 우리 역사에 여왕이 있던 시대는 삼국 시대가 유일했으며, 그것도 신라 외에는 여왕이 존재하지 않았습니다. 오직 신라에 존재했던 세 명의 여왕도 그리 눈에 띄지 않았는데, 정명섭 작가는 여왕들에게서 새롭고 놀라운 진실을 찾아냈습니다.

여왕들을 통해 들여다본 과거의 시대도 지금과 그리 다르지 않았으며, 오히려 훨씬 치열하고 역동적이었습니다. 특히 선덕 여왕을 통해 살펴본 신라의 내부는 정말 흥미로웠습니다. 이 책은 과연 그 시대에 여왕이 즉위할 수밖에 없었느냐는 질문부터, 신라의 특수한 정치적 상황과 위태롭기도 했던 나머지 여왕들에 대한 이야기에 이르기까지 쉽게 이해할 수 있도록 하였습니다.

책의 등장인물 가운데 특히 기억에 남는 사람은 선덕 여왕에 대항하여 반란을 일으켜 역사에 반역자로 기록된 비담입니다. 정명섭 작가는 비담을 통해 패자의 입장에서 역사를 다시 바라보았습니다. 또한 반역을 제압하고 삼국을 통일시킨 사람들의 입장과 주장도 충실하게 이끌어 냈습니다. 이긴 사람과 진 사람 모두에게 말할 기회를 주어 역사를 쉽고 재미있게 풀어 쓴 정명섭 작가에게 큰 박수를 드리며, '역사공화국'을 기획한 자음과모음에 깊은 감사를 드립니다.

역사학자이자 소설가
배상열

사람들이 작은 공동체를 이루고 살았던 아주 먼 옛날에는 남성과 여성이 서로 평등했다고 합니다. 그러다 시간이 흘러 남성들은 사냥을, 그리고 여성들은 아이를 낳고 집안을 돌보는 일을 주로 하게 되었습니다. 사냥과 농경, 그리고 목축이 시작되면서 개인의 재산이라는 개념도 생겨났습니다. 그리하여 힘이 센 남성들은 더 많은 식량을 마련할 수 있었지요. 또 하루하루를 연명하던 삶에서 벗어나 이제는 자신이 가진 것을 자기 핏줄에게 물려주려고 했습니다. 남성이 중심이 되었던 고대 사회에서 여성의 존재는 약자이면서 보호를 받아야 하는 대상이었습니다.

그리고 왕의 시대가 도래했습니다. 2000년 전 한반도에 자리 잡은 고구려, 백제, 신라는 더 많은 영토를 차지하기 위해 싸움을 벌였습니다. 그런 와중에 간혹 몇 명의 여성들이 역사에 흔적을 남겨 놓았습니다. 아들인 주몽을 뒷바라지해 고구려의 건국을 도운 유화 부인. 주몽이 고구려를 세우는 데 협력한 후 아들인 비류와 온조를 데리고 남쪽으로 내려가 백제를 세운 소서노. 하지만 이들은 모두 남편 혹은 아들을 도와주는 역할에 머물렀다는 한계를 지녔습니다.

이런 시대적 상황에서 여성이 나라를 통치하는 왕의 자리에 올랐다는 사실은 가히 충격적입니다. 더군다나 한 번도 아니고 세 번씩이나 말이죠. 고구려나 백제에서는 전례를 찾아볼 수 없고, 중국에도 여왕은 측천무후가 유일합니다. 선덕 여왕은 김유신과 김춘추를 등용해서 삼국 통일의 기틀을 마련했고, 뒤를 이은 진덕 여왕은 비담과 염종이 일으킨 반란을 진압했습니다. 비교적 후기에 왕의 자리에 오른 진성 여왕 역시 대문장가인 최치원의 건의를 받아들여 혼란에 빠진 신라를 구하려고 애썼습니다. 하지만 삼국이 전쟁으로 혼란스럽던 그 시기에 전장에 나가지 못했던 여왕은 비판의 대상이 되기도 했습니다. 특히 선덕 여왕의 경우에는 당나라 태종에게 자신의 친족을 남편으로 삼으라는 모욕적인 요구를 듣기도 했습니다. 진성 여왕 역시 많은 남성과 음란한 짓을 벌였다는 비난을 들어야만 했죠.

그런데 왜 신라에만 여왕이 존재했을까요? 또 그 여왕들은 신라에 어떤 발자취를 남겼던 것일까요? 여왕의 즉위가 남녀평등을 향한 위대한 전진이었는지, 아니면 폐쇄적인 족벌주의의 극단을 보여주는 사례인지는 이제 곧 벌어질 재판에서 가려질 것입니다.

정명섭, 박지선

차례

통일 신라 말기에는 흉년이 들고 전염병
이 돌아 백성의 생활이 어려워졌다. 왕이
지방에 관리를 보내 세금을 거두게 하였
으나 농민들은 세금을 낼 형편이 아니었
다. 결국 화가 난 농민들은 난을 일으켰고
그 틈을 타 새로운 세력이 등장했다.

신라는 여러 부족이 모여 함께 정치를 운영하
던 초기의 전통을 유지했다. 대표적인 제도가
화백 회의이다. 귀족들은 화백 회의에서 국왕
을 폐위시키고 새 국왕을 추대하는 등 왕권을
견제했다. 한편 선덕 여왕은 첨성대를 세워 천
체를 관측했다. 첨성대는 지금까지 남아 있는
가장 오래된 천문대이다.

신라는 중앙 집권 국가로 발전하는 과
정에서 세력에 따라 등급을 나누어 신
분을 구분하였는데 이것이 골품제로
정착되었다. 또한 유능한 청소년을 양
성하는 화랑도를 두어 통일 전쟁에 대
비했다.

고등학교　　　한국사

신라는 당과 연합하여 백제를 공격했
다. 김유신이 이끄는 신라군은 황산벌
에서 계백을 물리치고, 당군과 함께 사
비성을 함락하여 백제를 멸망시켰다.

<u>원고</u> **비담(?~647년)**

선덕 여왕에 대항해 반란을 일으킨 비담입니다.
나는 단순히 여성이 왕이라서 반란을 일으킨 것
이 아니에요. 내가 반란을 일으킨 데는 다 합당한
이유가 있다고요!

<u>원고 측 변호사</u> **한남성**

비담의 변호를 맡은 한남성 변호사입니다. 억울
한 비담의 명예를 회복하기 위해 기꺼이 변호를
맡았지요.

원고 측 증인 염종

나는 비담과 함께 선덕 여왕에 대항한 염종이라고 합니다. 김유신에게 패배해 처형당했지요. 우리가 반란을 일으켰다는 세상의 비난은 정말 억울합니다.

원고 측 증인 진평왕

나는 신라의 제26대 왕이자 선덕 여왕의 아버지요. 나의 아버지 동륜은 일찍 돌아가셨지. 그 뒤를 이어 왕위에 올랐던 진지왕이 폐위된 후, 내가 왕의 자리에 올랐다오. 수나라, 당나라와 외교 관계를 돈독히 하여 불교를 진흥시켜 신라의 기틀을 튼튼히 하였지요.

원고 측 증인 나신라

이승에 있을 때 신라 역사를 공부한 나신라 교수입니다. 오늘 재판에서 신라의 역사에 대해 명쾌하게 설명해 드리지요. 기대하셔도 좋습니다.

피고 선덕 여왕(? ~ 647년, 재위 기간 : 632년 ~ 647년)

나는 신라 제27대 왕인 선덕 여왕입니다. 최초의 여왕이지요. 여왕이 되기까지 말들이 많았지만 재위 기간 동안 백성을 위해 구휼 사업에 힘썼어요. 첨성대와 황룡사 9층탑을 건립하기도 했고, 삼국 통일의 기틀을 다졌답니다.

피고 측 변호사 김고려

역사 전문 변호사 김고려입니다. 선덕 여왕의 변호를 맡았지요. 이번 재판을 위해 준비를 많이 했는데 꼭 승소할 것이라고 믿습니다.

나는 외교의 달인 김춘추입니다. 삼국을 통일하고 태종 무열왕이 되었지요. 선덕 여왕이 계실 때는 여왕을 도와 발바닥에 땀 나도록 이 나라 저 나라로 뛰어다니며 신라의 발전을 위해 수완을 발휘하였답니다.

진성 여왕을 모셨던 최치원이올시다. 중국 당나라로 유학을 갔다가 과거에 급제하고 황소의 난이 일어났을때 격문을 써서 이름을 높였지요. 신라에 다시 돌아와서 나라의 기틀을 다지기 위해 '시무10조'라는 개혁안을 올렸지만 안타깝게도 실패하고 말았어요.

나는 신라의 귀족 알천입니다. 나에 대해 알려진 사실은 많지 않아요. 하지만 나는 상대등을 지냈고, 화백 회의 의장도 맡았어요. 진덕 여왕 사후에는 섭정 제의까지 받았지만 김춘추에게 왕위를 양보하였지요.

"덕만이라면,
신라의 선덕 여왕이 아닙니까?"

"왜 이렇게 시끄러워."

잠에서 깨어난 김고려 변호사는 늘어지게 기지개를 켰다. 저승에서도 생전의 직업대로 변호사를 하게 될 줄은 꿈에도 몰랐지만, 파리만 날리게 될 줄은 더더욱 몰랐다. 사람들은 죽어서 영혼이 된 이후에도 여전히 싸우고 갈등을 빚었다. 그래서 뜻을 같이하는 영혼들끼리 모여서 시위를 벌이기도 하고 때때로 생전의 일을 두고 재판을 벌이기도 했다.

"죽고 나서 옳고 그름을 따져 봤자 무슨 소용이람. 하긴, 그러니까 나 같은 변호사도 있는 거겠지. 아옹, 잠이나 더 자자."

다시 잠을 청하려던 김고려 변호사는 거리에서 들려오는 시위대 소리에 화가 치밀어 올랐다.

"또 시작이군. 다들 뭐가 그렇게 못마땅하다는 거야?"

미침 창문 아래 놓여 있던 정수기 물동을 빌견한 김고려 변호사는 거리를 가득 메운 시위대를 향해 '잠 좀 자자!'라고 외치고는 물을 쏟아 버렸다.

"에구머니나! 하늘에 구멍이라도 뚫린 건가?"

갑작스럽게 물벼락을 맞은 시위대가 소리를 지르자 기분이 좋아진 김고려 변호사는 창문을 닫고 의자에 앉았다.

다시 낮잠을 청하려는 찰나, 이번에는 계단에서 누군가가 쿵쿵거리며 뛰어 올라오는 소리가 들리는 게 아닌가.

"우리한테 물을 뿌린 게 너지? 배후가 누구야?"

"아니, 전 그러니까, 너무 시끄러워서……"

갑작스레 열린 문으로 쏟아져 들어온 것은 잔뜩 화가 난 표정의 여성들이었다. 작은 키에 뚱뚱한 매부리코의 여인이 제일 앞에 서서 그에게 삿대질을 했다.

"변명 따위는 집어치워. 여러분! 이자를 끌어내서 남성들의 비겁함을 폭로합시다."

그녀의 말에 함께 온 여인들이 그렇잖아도 비좁은 사무실이 떠나갈 듯 "옳소"라며 외쳐 댔다. 덩치 큰 여인들이 김고려 변호사를 끌어내려던 찰나 어디선가 묵직한 말소리가 그들을 막았다.

"잠깐만, 너무 성급하게 굴지들 말아요."

붉은색 비단 두루마기에 옥으로 된 허리띠를 둘러맨 여인이 사람들을 헤치고 나왔다. 머리부터 발끝까지 물에 흠뻑 젖어 몰골이 말

이 아니었지만 고상한 품위만큼은 숨길 수 없었다.

"덕만, 직접 당하고도 그런 말이 나와?"

"로자, 우리가 이 사람의 낮잠을 방해한 건 사실이잖아."

"그래도 그렇지. 시위를 훼방 놓는 건 용서 못 해. 분명 저쪽과도 연관이 있을 거야."

덕만과 <u>로자 룩셈부르크</u>라는 여인의 팽팽한 기싸움에 다른 여인들이 입을 다물었다.

"그럼 마침 이 사람이 변호사이니 이번 일을 용서해 주는 조건으로 재판의 변호를 맡기는 거야."

"맙소사, 이 일을 정말 저런 바보 같은 변호사한테 맡길 셈이야?"

"소송 당사자는 나고, 변호사를 선임할 권리도 나한테 있어. 이 사람을 내 변호사로 결정하겠어."

덕만이라는 여인의 선언에 로자는 마지못해 수긍했다. 덕만이 김고려 변호사에게 상담을 해야겠으니 자리를 비켜 달라고 말하자 로

로자 룩셈부르크
독일의 여성 혁명가로 러시아 혁명 투쟁에 가담하였으며, 베를린 사회민주당학회 등지에서 활발한 활동을 펼쳤습니다.

왜 신라에만 여왕이 있었을까?

자를 비롯한 다른 여인들이 밖으로 나
갔다. 그제야 한시름 덜게 된 김고려 변호
사가 손수건을 건넸다.

　"도와주셔서 감사합니다. 안 그랬으면 큰
봉변을 당할 뻔했습니다.

　"같은 김씨라서 어쩌면 내 먼 후손일 수도 있다
고 생각하니까 그냥 지나칠 수가 없더군요."

　"일부러 겨냥해서 물을 쏟은 건 아닙니다만, 정말 죄송합니다."

　"호호, 날이 더웠는데 목욕한 셈 치죠. 안 그래도 지나가다가 간
판을 보고 언제 한번 들러야지 했어요. 삼국 시대 전문 변호사라면
서요?"

　"그렇습니다. 괜히 제 이름이 김고려이겠습니까?"

　"좋아요. 안 그래도 골치 아픈 소송이 있었는데 당신에게 의뢰하
면 되겠군요."

　"맡겨만 주신다면 최선을 다하겠습니다. 어떤 소송인가요?"

"비담이라는 자가 신라 시대의 여왕들에게 제기한 소송이지요."

"에이, 아까 친구분이 덕만이라고 부르던데, 신라 시대에 덕만 여왕이라는 분도 있었나요?"

김고려 변호사는 콧방귀를 뀌며 대답했다가 상대방의 표정을 보고는 바로 말을 바꿨다.

"하하, 농담인 거 아시죠. 그런데 상대방을 정확하게 지정하지 않으면 소송이 성립되지 않습니다."

"잘 아시네요. 상대방은 영리하게도 나에게만 소송을 걸면 감정이 남아 있다는 얘기를 들을까 봐 나와 내가 죽고 난 뒤 왕위에 오른 진성 여왕과 진덕 여왕도 함께 고소했어요."

"교묘하군요. 저쪽에서 진짜 원하는 건 뭔가요?"

"그자는 지금 생전의 일 때문에 패자의 마을에 머물고 있어요. 이번 재판에서 이겨서 승자의 마을로 들어오고 싶어 하는 것 같아요."

"그 얘긴 이 재판에서 패하면 의뢰인께서 승자의 마을에서 패자의 마을로 쫓겨난다는 뜻이군요."

덕만이라는 여인은 대답 대신 고개를 끄덕거렸다.

"쫓겨나는 건 두렵지 않은데 만약 상대방이 승리하면 여성이 통치자로서 적당하지 않다는 그들의 주장이 사실이 되어 버려요. 그것만큼은 반드시 막고 싶군요. 그래서 내가 여왕들을 대표해 소송에 나서기로 했습니다."

"그런데 상대 측은 왜 여왕이 왕위에 오르는 것을 적절하지 않다고 생각하는 겁니까?"

왜 신라에만 여왕이 있었을까?

"죽고 나서 여기 와서 보니까 후대에는 여왕들이 꽤 나왔더군요. 허지만 내가 살던 시대는 삼국이 서로 전쟁을 벌이던 때였어요. 군대를 이끌기에는 상대적으로 나약한 여인이 왕위에 올랐으니 그런 어려운 시대를 이겨 낼 수 없다고 믿는 남성들이 많았죠. 로자를 비롯한 여인들은 이 문제를 남성 대 여성의 문제로 보고 있지만 궁극적으로는 신라의 정통성 문제와도 얽혀 있어요."

"알겠습니다. 의뢰를 받아들이겠습니다."

"최선을 다해 주세요."

덕만은 공손하게 대답하고는 의뢰비라며 허리띠에 달린 곡옥을 하나 내놨다. 곡옥을 챙긴 김고려 변호사는 미소를 지으며 그녀를 배웅했다. 서둘러 자리로 돌아온 그는 책장에서 먼지를 잔뜩 뒤집어 쓴 『삼국사기』를 꺼내서 펼쳤다.

"찾았다. 신라의 제27대 왕이자 최초의 여왕이셨군. 본명은 덕만, 시호는 선덕왕."

선덕 여왕 당시 삼국 시대

4세기경 한반도에는 크고 작은 나라들이 있었습니다. 그런데 이 나라들이 고구려, 백제, 신라를 중심으로 통합되기 시작합니다. 고구려, 백제, 신라 삼국은 왕권을 강화해 왕위를 자신의 후손에게 물려주었을 뿐 아니라 법을 강화하여 튼튼한 나라의 모습을 갖춰 나가게 됩니다. 이렇게 내실을 다지며 자리를 잡은 삼국은 영토를 확장하고 서로 견제하면서 힘의 균형을 맞추기도 하지요.

4세기경 백제가 전성기를 누리던 당시에 한강은 백제의 땅이었습니다. 그러다 5세기 고구려의 힘이 더욱 강건해져서 아래로 그 힘을 뻗어오자 한강은 고구려의 땅이 되었습니다. 그러다 6세기 진흥왕 때에는 신라가 한강으로 진출하기도 하지요. 금성 즉 지금의 경주를 수도로 한 신라는 '골품제도'라는 신분 제도와 '화백 회의'라는 귀족 대표자 회의를 지닌 나라였습니다. 그런데 이 신라에서 한국사 최초의 여왕이 탄생합니다. 바로 선덕 여왕이지요. 선덕 여왕은 진흥왕-진지왕-진평왕에 이어 신라 27대 왕에 오릅니다.

632년에 왕의 자리에 오른 선덕 여왕은 고아, 홀아비와 홀어미 등 어려운 처지에 놓인 사람들을 돕게 하여 민심을 위로하고, 분황사를 완성하는 등 나라 안을 튼튼히 하고자 합니다. 또한 당나라와의 관계도 강화하지요. 640년에는 귀족 자제들을 당나라에 유학을 보내고, 2년 뒤에는 당나라에 토산품을 바쳐 양국 관계를 돈독히 하는 등 나라 밖도 튼튼히 하고자 합니다.

이렇게 선덕 여왕이 당나라와 관계를 다질 수밖에 없었던 이유는 백제와 고구려에서 찾을 수 있습니다. 백제 의자왕이 대군을 이끌고 쳐들어와 서쪽 40여 개의 성을 빼앗는 등 이웃해 있는 백제, 고구려와의 전쟁이 끊이지 않았기 때문입니다. 이러한 백제, 고구려와의 관계 속에서 신라는 크고 작은 전쟁을 치르며 당의 도움을 받기도 하고, 군사를 출정시켜 전투를 치르게 되지요. 이렇게 삼국은 당시 당나라였던 중국이나 왜와의 교류를 통해 많은 영향을 주고받기도 하고, 한강을 서로 번갈아 차지하며 엎치락뒤치락하며 성장하고 또 몰락하는 역사를 쓰게 됩니다.

원고 ︱ 비담	대리인 ︱ 한남성 변호사
피고 ︱ 선덕 여왕, 진덕 여왕, 진성 여왕	대리인 ︱ 김고려 변호사

청구 내용

551년, 신라는 백제와 손잡고 고구려를 공격해 한강 상류를 점령하고, 2년 후에는 동맹국이었던 백제를 공격해 한강 유역을 완전히 차지했습니다. 하지만 이 일로 인해 신라는 고구려와 백제의 협공을 받게 되었지요. 이런 시기에 덕만은 여성의 몸으로 왕이 되었습니다. 물론 그녀가 총명하고, 영특하다는 사실은 인정합니다. 하지만 당시 신라에 필요했던 것은 군대를 강력하게 지휘할 줄 아는 왕이었습니다.

당시 신라에는 성골만이 왕위에 오를 수 있는 지극히 폐쇄적인 신분 제도가 있었습니다. 그리고 허수아비 왕을 내세워 국정을 장악하겠다는 김춘추와 김유신의 음모가 여왕의 즉위라는 터무니없는 결과를 가져온 것입니다.

결과는 처참했습니다. 고구려와는 적대 관계가 되었고, 백제의 무왕과 그 아들인 의자왕도 신라를 집요하게 공격해 왔습니다. 결국 신라는 당나라에 매달렸습니다. 이때 당태종은 우리 사절을 시켜 자기 친족 중 한 명과 여왕을 결혼시켜 나라를 안정시키라며 조롱했습니다. 그 얘기를 듣는 순간 나는 내 모든 것을 희생해서라도 잘못된 것을 바로잡기로 했습니다. 하지만 여왕, 아니 더 정확하게는 여왕을 앞세워

정권을 장악했던 김유신이 반발하여 실패로 돌아가고 말았습니다. 결국 나와 나를 따르던 염종에게는 반역자라는 터무니없는 죄목이 씌워졌습니다. 역사가 승자의 것이라고는 하지만 결단코 나는 덕만이 여성이라는 이유만으로 반대했던 것이 아닙니다. 선덕 여왕의 뒤를 이어 즉위한 진덕 여왕 역시 김춘추와 김유신의 허수아비 노릇만 했고, 훗날 즉위한 진성 여왕은 무리하게 세금을 걷다가 지방의 반란을 초래하였습니다. 나는 세 명의 여왕 모두 신라에 지극히 좋은 않은 영향을 미쳤다는 점을 재판을 통해 가리고 싶습니다.

입증 자료

- 초등학교 6학년 사회 교과서
- 중학교 역사 교과서
- 고등학교 한국사 교과서
  그 외 자료 추후 제출하겠음.

위 청구인 비담
역사공화국 한국사법정 귀중

진평왕은 왜 딸에게 왕위를 계승했을까?

1. 골품제는 어떤 제도였을까?
2. 선덕 여왕이 왕이 될 수 있었던 이유는 무엇일까?

1

골품제는
어떤 제도였을까?

판사　지금부터 재판을 시작하겠습니다. 법정에 있는 모든 분은 정숙하기 바랍니다.

판사가 법봉을 두드리며 입을 열자 재판을 기다리며 얘기를 주고받던 방청객들이 조용해졌다. 선덕 여왕과 다른 두 여왕은 굳은 표정으로 피고석에 앉아 있었고, 원고석에 앉은 비담은 상대적으로 느긋해 보였다.

판사　원래는 재판을 시작하며 양측의 발언을 들어야 하지만 오늘은 재판의 쟁점이 될 골품제와 성골에 대한 정확한 이해를 돕기 위해, 이승에서 신라 역사를 전공한 교수님을 한 분 초빙해서 설명을

관등		골품				공복	집 크기	말의 수
등급	관등명	진골	6두품	5두품	4두품			
1	이벌찬					자색		
2	이 찬							
3	잡 찬							
4	파진찬							
5	대아찬							
6	아 찬					비색		
7	일길찬							
8	사 찬							
9	급벌찬							
10	대나마					청색		
11	나 마							
12	대 사					황색		
13	사 지							
14	길 사							
15	대 오							
16	소 오							
17	조 위							

듣는 것으로 대신하겠습니다. 양측 변호인을 통해 원고와 피고에게 미리 양해를 구했다는 점을 미리 알려 드립니다. 그럼 나신라 교수님, 설명을 해 주시죠.

증인석에 미리 나와 있던 나신라 교수는 근엄한 표정으로 입을 열었다.

나신라 ▶골품제(骨品制)는 왕족과 귀족을 구분하는 골

교과서에는

▶ 신라에는 골품제라는 독특한 신분 제도가 있었어요. 왕족은 성골, 진골에 속했고, 일반 귀족들은 6두품 이하의 두품에 속하였습니다. 3두품 이하는 평민 신분에 속했어요. 처음에는 성골이 왕이 되었지만 무열왕부터는 진골 출신이 왕위에 올랐습니다.

이마니시 류

20세기 일본의 역사학자로 조선
사편수회 회원이었고, 경성 제국
대학 교수를 역임했습니다. 임나
일본부설을 적극 주장하는 등 한
국 역사를 왜곡하고 날조하는 데
앞장섰습니다.

율령

형벌과 행정 등에 관한 법규를
뜻해요.

제(骨制)와 일반 백성과 지방 귀족을 구별 짓는 두품제(頭品制)를 합쳐서 부르는 말입니다. 뭐, 간략하게 얘기하자면 '뼈의 품격'쯤이 되겠죠. 성골은 아버지와 어머니가 모두 왕족인 골품제의 최상위 계층으로, 왕위에 오를 수 있는 왕족을 뜻합니다.

판사　나라의 품격을 따진다는 말은 들었어도 뼈에도 품격을 따진다는 말은 처음 듣는군요.

나신라　삼국 중에 신라에 관한 기록은 비교적 많이 남아 있기 때문에 골품제와 성골에 관한 연구는 활발하게 이루어졌어요. 하지만 이승에서 초창기 때, 연구를 주도한 이마니시 류(今西龍) 같은 일본 학자들은 성골을 신라 후기에 왕족의 정통성을 주장하기 위해 만들어 낸 가상의 계층으로 봤습니다. 성골이 존재했다고 보는 일본 학자들도 비교적 후기, 그러니까 9세기 중반에나 등장했다고 봅니다.

판사　왜 그렇게 본 거죠?

나신라　일본 학자들은 신라의 실질적인 건국 연대를 4세기 중반으로 보기 때문이죠. 골품제처럼 복잡하고 견고한 신분제가 신라에 오래전부터 존재했다는 사실을 믿고 싶지 않았던 겁니다. 이들은 520년에 반포된 율령도 형식적인 것으로 깎아내렸는데, 이는 645년에 반포된 일본의 율령을 의식한 것이죠.

판사　그렇다면 한국의 학자들은 신라의 골품제가 언제 성립했다고 보나요?

나신라　한국 학자들의 경우, 골품제가 법흥왕 7년, 즉 520년에 반포된 율령과 함께 성립했다고 보는 견해가 우세합니다. 실체로 최근 발견된 금석문을 보면 골품제가 존재했다는 것은 사실로 여겨집니다.

판사 골품제랑 성골이라는 것은 신라가 세워졌을 때부터 있었던 겁니까?

나신라 고대에는 어느 시대건 혈통을 중요하게 생각했습니다. 신라는 그걸 좀 더 세분화했던 것뿐이죠. 『삼국유사』는 중고대로 분류되는 법흥왕부터 진덕 여왕까지의 왕들을 성골로 분류했죠. 반면 『삼국사기』 기록에는 성골 출신의 왕이 박혁거세부터 진덕 여왕까지 28명이었다고 나와 있습니다만 왕위 교체 기록을 보면 신빙성이 없습니다.

▶판사님도 신라 시기에 박, 석, 김씨가 돌아가면서 왕위에 올랐다는 얘기는 들으셨죠?

판사 네, 그 얘길 듣고 '저 동네는 참 사이가 좋군'이라고 생각했었죠.

나신라 일단 성씨가 다르면 같은 혈족이라는 개념 자체가 성립하지 않습니다. 거기다 탈해 이사금처럼 사위가 즉위한 경우도 있으니까요.

판사 그렇다면 성골이라는 것이 혈연적인 개념이 아니라 왕과 주변의 가까운 친척들을 가리키는 용어가 아닐까요?

나신라 역시 예리하시군요. 하지만 태종 무열왕으로 즉위한 김춘추나 그 이후의 왕들이 성골을 자처하지 못했던

금석문
옛날에 금속이나 비석 위에 새겨 놓았던 문장을 뜻해요.

『삼국유사』
1281년(충렬왕 7)경에 고려의 승려 일연(一然)이 편찬한 역사서입니다.

『삼국사기』
고려 1145년(인종 23)경에 김부식 등이 편찬한 삼국 시대의 역사서입니다.

이사금
신라 초기에는 왕을 이사금이라고 불렀어요. 탈해 이사금은 남해왕의 사위가 되었다가 유리 이사금이 죽은 후 제4대 왕으로 즉위했지요.

교과서에는

▶ 신라는 진한의 소국 중 하나인 사로국에서 출발한 나라입니다. 경주 지역에 살던 토착민과 유이민 집단이 함께 건국했지요. 이후 석탈해 집단이 등장하면서 박, 석, 김 3성이 번갈아 가며 왕위에 올랐습니다.

불문법

불문법은 과거의 판례를 기준으로 한 법체계를 가리킵니다. 관습법이라고도 부르지요.

성문법

성문법은 문서, 즉 법전의 형태로 정리된 법체계를 뜻합니다.

것으로 봐서는 혈연적인 개념이라고 보는 게 맞을 것 같습니다.

판사　　그렇다면 골품제나 성골이라는 개념이 신라 초기부터 생긴 게 아니라는 뜻입니까?

나신라　　그렇기도 하고 아니기도 합니다. ▶원래 신라는 6부로 구성된 사로국(斯盧國)이라는 작은 소국에서 출발했는데 처음부터 지배층과 피지배층, 그리고 새로 복속된 피정복민들을 구분했던 것 같습니다. 물론 골품제처럼 체계적이고 엄격하게 구분하지는 않았겠죠. 그러다가 법흥왕 시기 왕권이 비약적으로 발달하면서 전통적인 씨족 사회가 해체되고 관료제가 등장합니다. 학자 대부분은 이 시기에 골품제라고 부를 수 있는 신분 체계가 나타났다고 봅니다.

판사　　그러니까 예전부터 있던 신분 구분법을 체계적으로 정비했다, 이거군요. 불문법(不文法)에서 성문법(成文法)으로 옮겨 가는 것처럼 말입니다.

나신라　　맞습니다. 골품제 신분 등급은 순서대로 얘기하면 성골, 진골, 6두품, 5두품, 4두품, 3두품, 2두품, 1두품, 이렇게 여덟 등급으로 나뉩니다.

판사　　어, 두품제에서는 1두품이 제일 높은 게 아니었나요?

나신라　　두품제에서는 6두품이 제일 높습니다. 그리고 3두품 이하는 기록에 나오지 않는 것으로 보아 금방 없어진 것으로 보입니다. 학계에서는 성골도 처음에는 진골과 구

▶ 신라는 여러 부족이 모여 정치를 함께 운영하던 초기의 전통을 계속 유지했습니다. 골품제의 경우 집의 규모와 장식물은 물론, 옷의 색과 수레의 크기 등 신라인의 일상생활까지 규제하는 기준이 되었지요. 관등 승진의 상한선도 골품에 따라 정해져 있었습니다.

근친혼
근친혼은 한 사회 집단 내의 일원
끼리 행해지는 혼인을 말합니다.

분되지 않았다고 보고 있습니다. 특정 시기, 그러니까 만약 법흥왕 시기에 골품제가 완성되어서 진골이 등장했다면, 비슷한 시기나 약간 후대에 성골이라는 더 높은 귀족의 개념이 완성되지 않았나 합니다.

판사 아무래도 신라에만 여왕이 존재한 이유가 이 골품제와 밀접한 연관이 있을 것 같군요. 저는 지금까지 신라가 여성들의 권리를 존중해서 그런 줄 알고 있었습니다.

나신라 물론 여성에게도 상속권을 인정하는 등 신라 시대가 조선 시대보다 여성의 지위가 높았던 건 사실입니다. 다만 신라만 유독 여성의 권리를 존중했다고 보기는 어렵습니다. 율령이 반포되고 불교가 공인되는 등 왕권이 차츰 강해지면서, 신성함을 강조하고 정통성을 선전하기 위한 수단으로 혈통이 강조되었지요. 성골은 그런 과정의 결과물이라고 보면 되겠습니다. 하지만 지나치게 혈통을 강조한 나머지 근친혼을 하기도 했고, 남성 후계자가 없을 때 사위나 친족 남성이 왕위를 계승할 수 있도록 하는 융통성이 사라져 버린 부작용도 생겼죠.

판사 그럼 오늘 재판에 나온 선덕 여왕이 왕위에 오른 건 다른 남성 후계자가 없었기 때문이었습니까?

나신라 네. 선대인 진흥왕에게는 큰아들 동륜 태자와 사륜 혹은 금륜이라고 불리는 둘째 아들이 있었습니다. 그런데 태자로 책봉된 동륜이 572년에 젊은 나이로 사망합니다. 덕분에 576년, 진흥왕이 사망했을 때 둘째 아들인 사륜이 왕위를 이어받아서 신라의 제25대

왕인 진지왕이 됩니다. 하지만 4년 후인 579년에 **화백 회의**를 거쳐 신시왕이 폐위되면서 동륜 태자의 큰아들인 백정이 왕위에 오릅니다. 그가 바로 선덕 여왕의 아버지 진평왕입니다.

판사 진평왕에게는 아들이 없었나요?

나신라 네, 아들은 없고 딸만 있었습니다. 물론 친족 중에 후계자가 될 만한 남성이 전혀 없었던 것은 아닙니다. 일단 폐위당하긴 했지만 진지왕에게는 용춘과 용수라는 아들이 있었지요. 진지왕의 아들이 용춘과 용수 두 명인지, 혹은 용춘 한 명인지는 기록마다 차이가 있습니다. 용춘의 아들이 바로 태종 무열왕이 된 김춘추였죠. 그리고 동륜 태자에게도 진평왕이 된 큰아들 백정 외에 백반과 국반이라는 아들이 있었습니다.

판사 그런데 왜 이 남성들을 제외하고 굳이 여성인 덕만이 왕위를 계승한 겁니까?

나신라 당시 기록에는 왕위를 계승할 수 있는 성골 남성이 없었다고 나와 있어요. 어떤 이유에선지 이들 모두 성골이 아니었던 것으로 보입니다.

판사 역사를 전공한 분이니 평소 궁금했던 것 한 가지를 물어보겠습니다. 역사책에서는 고대 국가가 왕권을 강화하기 위해 율령을 선포하고 불교를 공인했다고 보는 경향이 있는데요. 법전이라고 할 수 있는 율령의 선포야 그렇다 쳐도 불교의 공인이 왕권 강화와 연관이 있습니까?

다파라국
석탈해가 태어난 곳입니다. 『삼국사기』에는 왜국의 동북 천 리 밖에 있는 곳으로 기록되어 있어요.

나신라　네. 관련이 있습니다. 6부로 구성된 사로국에서 출발한 신라는 차츰 주변국을 정복해 가면서 거대해졌습니다. 그런데 신라에 새로 유입된 사람들에게 어떻게 하면 같은 신라인이라는 생각을 심어 줄 수 있을지 고민하게 되었죠.

판사　그렇다면 사회 통합을 위해 불교가 필요했다는 말인가요? 하지만 원래 믿던 신앙도 있는데 그걸 버리고 굳이 새로 유입된 종교를 선택해야만 하는 이유가 있을까요?

나신라　기존의 토착 신앙이나 조상 숭배 사상은 집단이라는 테두리를 벗어나기 어렵습니다. 다파라국에서 건너온 석탈해를 조상으로 삼는 석씨 집단이 알에서 나온 박혁거세를 숭배할 이유가 있겠습니까? ▶하지만 부처님을 믿는 불교는 집안이 다르거나 지역이 달라도 누구나 보편적으로 믿을 수 있죠.

판사　아하, 불교라는 종교를 통해 신라인이라는 동질감을 만들고자 한 거군요.

나신라　맞습니다. 더불어 석가모니와 신라 왕실이 서로 관련되어 있다고 주장하면서 왕실에 종교적인 신성함까지 부여할 수 있었지요. 판사님은 혹시 진종설(眞種設)이라는 말을 들어 보셨습니까?

판사　처음 듣습니다.

나신라　진종설은 신라 왕실이 석가모니와 같은 집안이라는 얘기입니다. 실제로 진흥왕은 자신의 큰아들의 이름

교과서에는

▶ 불교는 고대 국가가 중앙 집권 체제를 확립하고 새로운 국가 정신을 성립하는 데 이념적인 역할을 했습니다. 삼국은 불교를 나라의 신앙으로 수용했고, 신라의 여러 왕들은 불교식 이름을 가졌지요.

을 동륜, 둘째 아들의 이름을 사륜(금륜)이라고 지었습니다. 동륜의 큰아들은 백정, 그리고 그 밑의 아들들에게는 백반과 국반이라는 이름을 붙였습니다. 동륜과 사륜은 **전륜성왕** 설화에 나오는 왕의 이름들이고, 백정은 석가모니의 아버지, 백반과 국반은 작은아버지들의 이름입니다.

판사 그러니까 신라 왕실이 종교적 숭배 대상에 은근슬쩍 끼어든 셈이군요.

나신라 그렇다고 볼 수 있죠. 그리고 이 밖에도 성골과 진골이라는 용어 자체가 불교에서 나왔다는 의견도 있습니다. 신 혹은 신과 동등한 존재로 사람들에게 여겨지면 통치하는 데 여러모로 편리한 건 사실이죠. 제정 로마 시대의 황제도 죽으면 자동으로 신이 되었습니다. 신라는 6세기 중반, 영토를 크게 넓히는 데 성공하면서 왕실의 위엄이 높아졌는데요. 왕들은 자신들이 다른 귀족과 다르다는 것을 강조하기 위한 이념적인 수단으로 이제 막 도입된 불교를 선택했습니다.

판사 역시 전문가의 설명을 들으니까 이해가 쉽군요. 좋은 말씀 감사합니다.

증인석에서 내려온 나신라 교수가 방청석으로 가자 판사는 다음 진행을 위해 서류를 뒤적거렸다.

판사 그럼 본격적으로 재판을 진행하겠습니다. 우선 원고 측에서

전륜성왕
전륜성왕은 불교의 경전에 나오는 위대한 왕입니다. 무력이 아니라 불법으로 세계를 통일하는 왕이라고 여겨졌어요. 불교뿐 아니라 인도 지역의 종교에 모두 등장하며, 금륜, 은륜, 동륜, 철륜의 네 왕이 있지요.

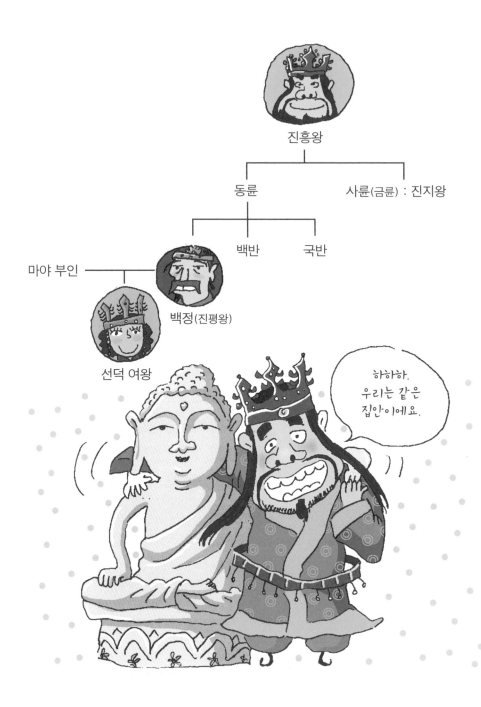

증인으로 신청한 진평왕을 직접 모시고 신라의 골품제에 대해서 들어 보도록 하겠습니다. 증인은 앞으로 나와서 선서를 하기 바랍니다.

문이 열리고 진평왕이 모습을 드러내자 신라의 영혼들이 일제히 무릎을 꿇었다. 피고석에 앉아 있던 선덕 여왕 역시 고개를 숙여 예를 갖췄다. 비단 두루마기에 금과 옥으로 장식한 황금 허리띠를 맨 진평왕이 증인석에 서서 짤막하게 말했다.

진평왕   나 진평왕은 이 자리에서 오직 진실만을 말할 것을 맹세합니다!
판사   증인은 자리에 앉아도 좋습니다. 원고 측 변호인은 증인 신문을 시작해 주세요.
한남성 변호사   감사합니다. 원고 측 변호를 맡은 한남성 변호사라고 합니다. 질문하겠습니다. 증인께서 왕위에 오르실 무렵에는 오직 성골만이 왕의 자리에 오를 수 있었죠?
진평왕   당연하지. 성골은 전륜성왕의 가계를 이어받은 위대한 석가모니의 일족일세. 우리를 빼고 누가 감히 왕위에 오르겠느냐!

진평왕이 역정을 내자 판사가 끼어들었다.

판사   증인, 여기는 법정입니다. 이승에서의 지위는 원칙적으로 인정하지 않는다는 점을 명심하기 바랍니다.

진평왕　　고약한 것들 같으니라고, 살아 있다면 모두 죽여서 본보기로 삼았을 텐데 말이야.

한남성 변호사　　계속 질문하겠습니다. 증인께서는 아들을 낳지 못하고 딸만 낳으셨습니다. 그때 심정이 어떠셨습니까?

진평왕　　그걸 질문이라고 하느냐? 망신도 그런 망신이 없었지.

　　진평왕의 말에 선덕 여왕이 고개를 푹 숙이자 옆에 있던 두 여왕이 위로의 말을 건넸다. 그 광경을 본 진평왕도 미안한지 연방 헛기침을 했다.

한남성 변호사　　신라 초기에는 남성 후계자가 없는 경우 사위에게 왕위를 넘겨주기도 했습니다. 왕께서 계셨던 시기에는 골품제 때문에 그게 불가능했나요?

진평왕　　지금 사람들 눈에는 출생 성분에 따라서 지위를 결정하는 일이 낯설어 보이겠지. 하지만 당시에는 핏줄의 고귀함이 그 어떤 기준보다 절대적이었다네. 군주가 나라를 잘 다스리려면 왕권이 강해야만 하네. 우리가 석가모니의 일족이라는 진종설을 주장하고, 근친결혼을 감행한 이유는 피의 순수성을 지키기 위해서였다네. 물론 자네 말대로 초기에는 사위에게 왕위를 물려준 적도 있었네. 그때 신라는 이제 막 걸음마를 뗀 작은 나라였지. 하지만 내가 왕위에 올랐을 때, 신라는 이미 관료제와 율령제가 정비된 고대 국가였다네. 원칙 없이 진골 귀족에게 왕위를 물려줄 수 있는 상황이 아니었단

　　왜 신라에만 여왕이 있었을까?

말일세.

한남성 변호사 그래서 유일한 성골인 딸에게 왕위를 물려주기로 하셨군요. 귀족들의 반발은 없었습니까?

진평왕 왜 없었겠나? 귀족들의 회의인 화백 회의에서 후계자를 결정해야 한다는 얘기가 은밀히 오갔지. 그런 말은 내 나이가 들수록 더 심해져서 심지어 내가 죽기 1년 전에는 칠숙과 석품이 반란을 일으키기도 했다네.

한남성 변호사 그 당시의 관념으로는 여성이 왕위에 오른다는 사실을 용납할 수 없었을 겁니다. 그런데 증인은 그런 귀족들의 거부감이나 불안감을 없애 주기는커녕 아예 말조차 꺼내지 못하게 했지요?

진평왕 당연한 것 아닌가? 신하들이 후계자를 결정한다고 하세. 그렇게 왕이 된 자가 신하들을 제대로 다스릴 수 있겠나? 왕을 결정하는 과정에서 신하들끼리 편을 갈라 다투는 것은 또 어떻고? 나라고 고민을 안 한 건 아니지만 큰딸에게 왕위를 물려주는 게 최선이었네.

한남성 변호사 당시는 백제와 고구려가 신라를 계속 공격하던 시기 아니었습니까? 그런 상황에서 여성이 왕위에 오르는 게 옳았다고 보십니까? 귀족들과 백성은 군대를 직접 지휘하며 전쟁에 나설 수 있는 남성이 왕위에 오르기를 원했을 텐데요. 다들 불안하지 않았을까요?

진평왕 당시 신라에는 오직 성골만이 왕위에 오를 수 있다는 믿

칠숙

칠숙은 신라 진평왕 때의 대신으로 이찬의 관등을 가지고 있었습니다. 631년에 아찬 관등의 석품과 함께 반란을 일으키려고 하다가 발각되어서 처형당하지요.

석품

석품은 반란이 발각된 후 백제로 도망쳤습니다. 하지만 가족을 보기 위해 집으로 돌아왔다가 붙잡혀서 처형당합니다.

음이 자리 잡고 있었네. 그러니 그걸 깨고 진골 중에서 왕을 뽑아도

불안하기는 마찬가지였을 걸세.

한남성 변호사　증인께서 덕만 공주에게 왕위를 물려준 지 30년도

안 돼서 진골 출신인 김춘추가 왕위에 올랐습니다. 어차피 덕만 공

주에게 짝을 지어 줄 성골 남성이 없었다면 여왕의 즉위는 해결책이

아니라 단지 시간을 끄는 것에 불과하다고 생각하지는 않으셨나요?

진평왕　솔직히 말하자면 고민이 없었던 것은 아니었소. 그리고

자네 말대로 성골 남성이 없어서 대신에 여성이 왕위에 오르는 건

근본적인 해결책이 아니라는 것쯤은 나도 잘 알고 있었소. 하지만 머리로 생각하는 것과 가슴으로 받아들이는 것에는 차이가 있다는 점을 명심하게. 아버지가 일찍 돌아가신 탓에 작은아버지가 왕위에 오르는 걸 지켜봤다가 어렵사리 왕위를 되찾은 나는 내 손으로 직접 성골을 없앨 수 없었네.

한남성 변호사　결국 증인의 고집이 여왕의 즉위라는 전무후무한 결과를 가져온 셈이군요. 말씀 잘 들었습니다. 이상으로 신문을 마칩니다.

판사　수고하셨습니다. 피고 측은 반대 신문 하시겠습니까?

김고려 변호사　제 의뢰인이 아버님과의 대면을 몹시 힘들어 하십니다. 묻고 싶은 말이 많긴 하지만 증인 신문을 하지 않겠습니다. 대신 제 의뢰인의 말을 듣고 싶습니다.

판사　알겠습니다. 증인은 돌아가도 좋습니다.

　증인석에서 일어난 진평왕은 느릿하게 걸음을 옮겼다. 자리에서 일어난 선덕 여왕과 다른 여왕들이 고개를 숙여 인사하자 가벼운 목례로 답례한 진평왕은 그대로 법정을 빠져나갔다. 증인석에 선 선덕 여왕이 선서를 마치고 자리에 앉았다.

신라에는 어떤 왕들이 있었을까?

법흥왕

신라 제23대 왕인 법흥왕은 514년부터 540년까지 신라를 통치했습니다. 520년에 율령을 반포하고 군사 제도와 지방 통치 제도를 정비했습니다. 527년에는 불교를 공인했으며 536년에는 건원(建元)이라는 연호를 정했지요. 법흥왕 때부터 마립간이라는 칭호 대신 왕이라는 명칭을 사용하기 시작했는데요. 이는 신라가 전통적인 부족 국가에서 벗어나 고대 국가로 성장했다는 것을 의미합니다.

진흥왕

540년부터 576년까지 신라를 통치했던 진흥왕은 신라 제24대 왕입니다. 551년, 백제와 함께 고구려를 공격해서 한강 상류 지역을 차지했고, 2년 후인 553년에는 고구려와 밀약을 맺고 백제가 점령하고 있던 한강 하류 지역을 공격했습니다. 다음 해, 보복에 나선 백제의 성왕을 죽이고 562년에는 대가야를 완전히 점령하지요. 576년에는 화랑도를 창설해서 삼국 통일의 기반을 다졌습니다.

2

선덕 여왕이 왕이 될 수 있었던 이유는 무엇일까?

김고려 변호사　한국사법정에서 신라와 관련한 소송을 다루는 게 이번이 처음이라고 하는군요. 방청객들을 위해 여왕께서 하셨던 일들을 소개해 주시겠습니까?

선덕 여왕　내 입으로 얘기하기 쑥스럽지만 간략하게 말하겠습니다. 나는 왕위에 오른 지 3년 만인 634년에 인평이라는 연호를 반포했습니다. ▶그리고 그해에 분황사를 세운 것이 기억에 선명합니다. 당시에 돌을 벽돌 모양으로 깎아서 9층짜리 모전 석탑을 쌓았는데 이곳 역사공화국에서 듣자 하니 지금은 3층밖에 남아 있지 않다고 하더군요. 안타까운 일이지요. 또 재위 12년째인 643년에는 백제의 아비지라는 장인을 초빙해서 황룡사 9층 목탑을 세우기

교과서에는

▶ 삼국 시대에는 부처님의 사리를 봉안하던 탑이 많이 세워졌어요. 분황사 석탑은 돌을 벽돌 모양으로 만들어서 쌓은 탑으로 지금은 3층까지만 남아 있지요. 황룡사는 진흥왕의 팽창 의지가 반영된 절인데, 지금은 사라지고 없지만 9층 목탑이 있었습니다.

경상북도 경주시 구황동에 있는 분황사 석탑은 현존하는 신라 시대 석탑 가운데 가장 오래된 것이다.

시작했습니다.

교과서에는

▶ 삼국은 천문의 관측을 매우 중요하게 생각했어요. 고대 사회는 농경을 경제의 기반으로 삼았기 때문에 천문 현상을 중시한 것이지요. 또 왕의 권위를 하늘과 연결시키기 위한 목적도 있습니다. 선덕 여왕이 세운 첨성대는 지금까지 남아 있는 가장 오래된 천문대예요.

김고려 변호사　　백제의 장인을 신라에 초빙했다고요? 백제라면 당시에는 신라와 철천지원수가 아니었습니까?

선덕 여왕　　중생들의 싸움에 부처까지 끼워 넣을 수야 없지요. 2년 후인 645년에는 진흥왕 시절부터 짓기 시작했던 황룡사가 완공되었죠. ▶그리고 내가 죽던 해인 647년에는 별을 관측하기 위해서 첨성대를 세웠습니다.

김고려 변호사　　여러 절을 세우신 것을 보면 여왕께서는 불교를 매우 중시하셨나 봅니다.

선덕 여왕　　중요하게 생각하다마다요. 내 왕호인 선덕(善德)은 불경에 나오는 이름입니다. 힘들고 어려울 때마다 마음 편히 기댈 수 있었던 것은 오직 부처님뿐이었죠.

김고려 변호사　　여왕께서 재위하던 기간 동안 고구려와 백제가 자주 신라를 침략했죠?

선덕 여왕　　셀 수도 없이 많이 침략했지요. 대야성이 함락되었을 때 가장 큰 위기가 있었고, 백제가 고구려와 함께 당항성을 공격했을 때도 신라는 위험했습니다. 그 외에도 거의 매년 크고 작은 싸움이 있었지요.

김고려 변호사　　여왕께서 왕의 자리에 오른 이유는 여왕이 유일한 성골 출신이기 때문입니다. 이렇게 여왕이 즉위한 것을 두고 어떤 이들은 신라의 남녀가 평등했다고 보기도 하고, 또 다른 쪽에서는 극도로 폐쇄적인 **족벌주의**가 낳은 결과라고 말하기도 합니다. 여왕께서는 어떤 영향으로 신라에 세 명의 여왕이 즉위할 수 있었다고 보십니까?

선덕 여왕　　아까 아버님께서 말씀하셨듯이 당시에는 혈통의 순수성이 왕위를 계승하는 데 절대적인 기준이었습니다. 비록 계층 간에는 차별이 존재했지만 같은 계층, 즉 성골 내부에서는 남녀의 차별이 존재하지 않았습니다.

선덕 여왕의 말에 방청석이 웅성거렸다. 판사가 법봉을 두드려 소란을 잠재웠다.

김고려 변호사 계층 간의 차별은 존재했지만, 계층 내부의 차별은 없었다는 말씀은 꽤 충격적입니다. 여왕께서는 무슨 근거로 그런 주장을 하시는 겁니까? 좀 더 자세하게 설명해 주세요.

선덕 여왕 내가 왕위에 올랐다는 게 그 증거입니다. 만약 여성이 왕이 될 수 없다는 의식이 정말 강했다면 성골 출신이어야 한다는 점 따위는 무시하고 남성 왕족 중에 한 명이 왕위에 올랐을 겁니다.

김고려 변호사 하긴, 신라 초기 남해 이사금의 사위인 석탈해의 즉위를 생각해 보면 맞는 말 같군요. 하지만 그 얘긴 신라 왕족 집단이 폐쇄적이라는 것을 의미하기도 하지 않나요?

선덕 여왕 맞습니다. 하지만 결과가 한 가지라고 원인도 한 가지라는 법은 없지 않겠습니까? 나 말고도 신라에는 여왕이 두 명이나 더 존재했습니다. 56명의 왕 중에 세 명이나 여왕이라는 점을 단순히 왕족 집단의 폐쇄성으로만 설명할 수는 없다고 봅니다. 적어도 해당 집단 내부에서는 남성과 여성의 지위가 비슷했기 때문에 가능한 일입니다.

김고려 변호사 하긴 그 당시를 직접 사신 분이니까 후대를 산 우리보다야 더 잘 아시겠죠. 답이 나왔으니 더 진행할 필요가 없을 것 같습니다. 이상입니다.

판사 원고 측, 반대 신문 하시겠습니까?

한남성 변호사 물론입니다. 피고는 성골 집단이 폐쇄적이었지만 집단 내의 남녀가 평등했기 때문에 자신이 왕이 될 수 있었다고 주장하고 있습니다. 하지만 피고는 스스로 자신이 여성이라는 점을 약

왜 신라에만 여왕이 있었을까?

점으로 인정했습니다.

신덕 어왕　　그런 적 없습니다.

한남성 변호사　　그럼 '모란꽃 이야기'는 왜 나온 겁니까?『삼국사기』에 보면 증인이 공주였을 때 당나라에서 모란꽃 그림을 선물로 보낸 적이 있습니다. 그때 증인은 그림을 보고 나비가 없으니 틀림없이 꽃에 향기가 없을 것이라고 했고, 실제로 모란꽃을 심으니 향기가 없었습니다. 기억나십니까?

선덕 여왕　　물론이죠.

한남성 변호사　　약간 다른 내용이기는 하지만『삼국유사』에도 이 일화가 기록되어 있습니다. 피고는 모란꽃 그림을 보고 이렇게 덧붙이셨죠. "이 그림은 분명히 배우자가 없는 나를 희롱하려고 보낸 것

이다"라고 말입니다. 하지만 당시 중국에서는 그림을 그릴 때, 꽃 그림에 새나 벌레를 그리지 않았다고 합니다. 이는 분명히 자신이 무시당하고 있다는 자괴감이 빚어낸 일 아닙니까?

김고려 변호사　　이의 있습니다. 원고 측 변호인은 지금 피고를 무리하게 추궁하고 있습니다.

판사　　기각합니다. 피고는 원고 측 변호인의 질문에 대답하세요.

선덕 여왕　　그런 말을 하긴 했지만 그걸 왜 자괴감에서 나온 말로 해석하는지 모르겠군요. 국가 간의 관계는 기싸움을 동반합니다. 당나라는 내가 여왕이라는 점을 집요하게 물고 늘어졌고, 나는 거기에 반응한 것뿐입니다. 나는 여왕에 대한 주변의 우려를 없애기 위해 온 힘을 다했다고 자부합니다.

한남성 변호사　　흠, 좋습니다. 피고는 왕위에 오른 지 12년째 되던 해인 643년에 당나라에 사신을 보내셨죠? 그때 신라를 도와달라는 신라 사절의 말에 당태종은 세 가지 방안을 제시합니다. 그중 하나가 바로 자기 친족을 남편으로 삼으라는 것이었죠.

선덕 여왕　　아까 얘기했듯이 성골 내부에 눈에 띄는 남녀 차별은 존재하지 않았습니다. 하지만 귀족들이나 일반 백성이 이전에는 없었던 여성 통치자를 불안한 눈으로 봤던 것은 사실이죠. 그 문제를 해결하는 것도 역시 나의 몫이었습니다. 그리고 한 가지 지적하고 싶은 게 있네요. 당태종이 사신에게 했다는 얘기가 어디에 실려 있다고 생각하나요?

한남성 변호사　　『삼국사기』에 남아 있는 기록입니다. 설마 부정하는 건 아니겠죠?

신덕 여왕　『삼국사기』를 봤다면 내 기록 끝에 김부식이 적은 기록도 봤겠군요. 뭐라고 쓰여 있던가요?

한남성 변호사　여성이 나라를 다스리고도 망하지 않은 건 실로 천운이라고 나와 있습니다.

선덕 여왕　그걸 쓴 김부식은 철저한 남성 우월주의자입니다. 나는 기록 자체를 부정하진 않지만 그런 기록을 남긴 김부식의 의도는 분명히 짚고 넘어가고 싶습니다.

한남성 변호사　뭐, 좋습니다. 어떤 주장을 하시건 기록 자체의 진실을 부정할 수는 없으니까요. 존경하는 판사님, 그리고 배심원과 방청객 여러분. 피고는 지금 자신의 즉위가 성골 집단 내부의 남녀평등 때문에 가능했다고 주장하고 있습니다. 하지만 위의 기록들을 보면 피고는 자신이 여성이라는 점을 불안해 했습니다. 따라서 피고의 즉위는 남녀평등보다는 족벌 집단의 폐쇄성에서 답을 찾는 것이 옳다고 봅니다. 이것으로 증인 신문을 마치겠습니다.

판사　좋습니다. 오늘은 골품제와 성골이라는 다소 포괄적인 내용을 다루느라 재판이 다소 지루했습니다. 다음 재판은 양측 다 좀 더 적극적으로 임해 줬으면 하는 바람입니다. 오늘 재판은 이걸로 마치겠습니다.

땅! 땅! 땅!

백제 사람이 만든
신라의 황룡사 9층 목탑

황룡사 9층 목탑은 선덕 여왕 때 세워진 목탑입니다. 『삼국유사』의 기록에 따르면 선덕 여왕은 승려 자장의 건의를 받아들여 이 탑을 지었습니다. 643년에 당나라에서 돌아온 자장은 여왕에게 "탑을 세우면 이웃 나라가 항복하고 아홉 나라가 신라에 조공을 바칠 것입니다"라고 말했다고 해요. 그래서 이 탑은한 층 한 층이 각각 아홉 나라를 의미하는데요. 1층은 일본, 2층은 중화, 3층은오월, 4층은 탁라, 5층은 응유, 6층은 단국, 7층은 거란, 8층은 여적, 9층은 예맥을 의미합니다.

재미있는 사실은 이 탑을 지은 사람이 백제 사람이라는 거예요. 백제의 기술자인 아비지라는 사람이 선덕 여왕의 초청으로 200명의 일꾼을 신라에 데리고 와서 탑을 건설했습니다. 아비지는 탑을 세울 때 백제가 망하는 꿈을 꾸었다고 해요. 놀란 아비지는 공사를 중단하려다가 마음을 바꿔 탑을 완성했습니다. 하지만 이 황룡사 9층 목탑은 약 600여 년 후인 1238년(고려 고종 25),몽골의 침략으로 불에 타, 이제는 역사 속으로 사라져 버렸습니다.

다알지 기자

시청자 여러분 안녕하십니까? 지상보다 빠르고 정확한 뉴스, 법정 뉴스의 다알지 기자입니다. 오늘은 선덕 여왕과 비담의 재판이 열리는 첫날입니다. 전해지는 소식에 의하면 양측 소송 대리인의 발언이 이승에서 신라사를 연구했던 나신라 교수가 골품제와 성골에 대해 설명하는 것으로 대체되었다고 합니다. 원고 측은 피고 선덕 여왕의 부친인 진평왕을 증인으로 신청했습니다. 증인으로 나온 진평왕은 아들이 없어서 어쩔 수 없이 딸에게 왕위를 물려주었다고 증언했다고 합니다. 또한 왜 화백 회의를 통해 다른 남성 후계자를 지정하지 않았느냐는 원고 측 변호인의 질문에 신하들에 의해 왕이 선출되면 큰 혼란이 올 수 있기 때문에 성골 출신의 큰딸에게 왕위를 물려주었다고 답변했습니다. 재판 첫날이라 그런지 다소 차분한 분위기가 이어졌다고 하는데요. 양측 변호인을 차례로 만나서 얘기를 들어 보도록 하겠습니다.

한남성 변호사

오늘 재판에서는 성골이라는 집단 내부의 폐쇄성 때문에 신라에만 여왕이 존재했다는 사실을 집중적으로 부각하려고 노력했습니다. 물론 피고는 성골 내부에 남녀 간의 차별이 없었다는 억지 논리를 폈습니다만 재판부가 받아들이지 않을 것으로 봅니다. 남은 재판 기간에는 선덕 여왕이 신라를 위기로 몰아넣은 점, 그리고 다른 여왕들의 통치가 신라에 도움이 되지 않았다는 점을 집중적으로 파헤쳐 보겠습니다. 일부에서는 이 문제를 남녀 간의 대결로 몰고 가는데, 이 재판은 특정 집단에 속했다는 이유만으로 검증 절차 없이 왕위에 오른 것이 정당한지, 그 옳고 그름을 가리는 자리라는 점을 분명히 밝히는 바입니다.

김고려 변호사

오늘 재판에서 나온 원고 측 주장은 터무
니없는 과대망상입니다. 오늘 재판 내용은 사
실상 신라의 성골과 골품제에 대한 설명과 제 의뢰
인인 선덕 여왕의 즉위 과정에 대한 증인의 답변이 전부입니다. 상대
측 변호인은 증인과 제 의뢰인에게 무리한 질문과 유도 신문을 해서
판사에게 지적을 받았습니다. 이는 당시 상황을 가장 잘 아는 제 의뢰
인의 증언을 뒤집기 위한 무리수였지만 통하지 않았습니다. 진짜 재판
은 이제부터라는 점을 분명히 밝힙니다.

비담과 염종은
왜 반란을 일으켰을까?

1. 선덕 여왕은 나약한 왕이었을까?
2. 선덕 여왕은 어떤 정치를 했을까?
3. 귀족들이 왕을 폐위시킬 수 있었을까?

1 선덕 여왕은
나약한 왕이었을까?

판사 다들 자리에 앉았습니까? 그럼 재판을 진행하겠습니다. 일단 원고가 먼저 이야기하겠다고 신청했으니 당사자의 얘기를 듣도록 하겠습니다. 원고는 앞으로 나와서 선서를 하기 바랍니다.

　벌떡 일어난 비담이 성큼성큼 걸어 나와 증인석에 서서 한 손을 올렸다.

비담 나 비담은 오직 진실만을 말할 것을 굳게 맹세합니다.
판사 자리에 앉아도 좋습니다. 일단 원고 측 변호인부터 신문하기 바랍니다.
한남성 변호사 감사합니다. 증인은 신라의 상대등이었죠? 일단 상

대등이 어떤 관직인지부터 설명해 주시겠습니까?

비담　　상대등은 법흥왕 때 신설된 관직으로 화백 회의를 주재하며 왕과 함께 나라를 다스리는 일을 합니다.

한남성 변호사　　그럼 지금의 국무총리쯤으로 보면 되겠군요. 그런 지위에 계신 분이 굳이 반란을 일으킨 이유가 무엇입니까?

비담　　내가 말단 벼슬아치거나 시골의 촌부였다면 그냥 윗사람 비위나 맞춰 주며 지냈을 겁니다. 하지만 난 나라를 올바로 운영할 책임이 있는 상대등이었어요. 나라가 위태로우면 **병부령 김후직**처럼 목숨을 걸고 간언을 하고 죽

병부령 김후직

신라 진평왕 때의 대신으로 군대의 일을 총괄하는 병부령이었습니다. 왕이 사냥에 빠져 나랏일을 돌보지 않자 여러 차례 사냥을 중지할 것을 간청했지만 거절당했습니다. 이에 병이 들어 죽을 때 왕의 사냥터 입구에 자신의 무덤을 만들라는 유언을 남겼습니다. 어느 날 사냥을 나갔던 왕이 그의 무덤에서 들려오는 목소리를 듣고 크게 깨달아서 사냥을 그만두었다고 합니다.

어서도 바로잡아야 한다고 생각합니다. 당시 신라가 어떤 상황이었는지 아십니까? ▶백제의 무왕과 그 아들 의자왕이 승냥이처럼 신라에 덤벼들고, 고구려도 잃어버린 땅을 되찾는답시고 백제와 손을 잡고 우리 땅을 침범하려 했지요. 땅을 넓힐 때는 좋았는데 덕분에 두 나라와 원수를 지게 된 겁니다. 그런 상황에서 여왕이라니, 기가 차서 말이 안 나왔습니다.

한남성 변호사　　선덕 여왕이 단순히 여성이라는 이유만으로 반대하신 건가요?

비담　　그것 때문에 내가 지금까지 비난을 듣는다는 거 잘 알고 있습니다. 하지만 여성을 무시한다거나 차별한다고 손가락질 받는 것보다 나라의 존망이 더 중요하고 시급한 문제라고 믿습니다.

한남성 변호사　　좀 더 구체적으로 말씀해 주실 수 있겠습니까?

비담　　혹시 『삼국사기』「열전」을 보신 적 있습니까? 거기 나온 신라인 중 대부분은 진평왕과 선덕 여왕 시기에 백제와 고구려군의 공격을 막다가 장렬하게 전사한 이들입니다. 그 얘길 뒤집어 보면 그들이 그렇게 죽을 때까지 왕이 아무런 도움을 주지 못했다는 뜻이 되죠. 진흥왕 시기에 한강 유역을 차지하고 함흥 지역까지 북진하면서 신라는 지킬 땅이 넓어졌습니다. 그리고 백제는 물론 고구려와도 국경을 접하게 되었지요.

한남성 변호사　　그 말은 백제와 고구려, 두 나라를 상대로 싸움을 벌여야 한다는 뜻이군요.

비담　　그렇소. 거기다 예전보다 영토가 턱없이 넓어져

교과서에는

▶ 신라가 한강 유역을 차지한 후 고구려와 백제는 힘을 합쳐서 신라를 공격했습니다. 백제는 신라와의 전쟁에서 전사한 성왕의 원수를 갚기 위해, 고구려는 빼앗긴 한강 유역을 되찾기 위해 함께 신라를 공격했지요.

왜 신라에만 여왕이 있었을까?

서 모든 전선에 군대를 배치할 수도 없었답니다. 예전처럼 선제공격은 꿈도 못 꾸고 상대방이 쳐들어와서 성을 포위하거나 침령하면 그때야 군대를 모아서 나가 싸우게 된 겁니다. 예전이라면 백제나 고구려 중 한쪽과 손을 잡고 다른 쪽에 역량을 집중했지만, 당시에는 이런 전술이 불가능했습니다. 거기다 바다 건너에 있는 왜는 백제와 한통속이나 다름없어서 신라는 사실상 포위된 거나 다름없었죠. 우리 땅에서 일어나는 싸움은 이겨도 이기는 게 아닙니다. 그런 양상이 수십 년간 계속되었고, 끝이 보이지 않는 상황이었죠. 싸우다 보면 사람이 줄어들고, 재물이 소모되는 건 당연합니다.

당시 힘들었던 전쟁을 떠올리자 한껏 격앙된 비담은 끝내 말을 맺지 못하고 눈물을 보였다. 비담은 물을 한 모금 마신 후 다시 증언을 이어 갔다.

비담   성골의 위대함을 인정하지 않는 건 절대 아닙니다. 한반도 구석에 자리 잡고 있던 신라가 그렇게까지 발돋움한 건 분명히 왕족들이 이바지한 바가 크니까요. 그리고 지금 사람들 생각하고는 달리 고대에는 신분 체계가 확실한 것이 국가의 운영에 도움이 되었습니다. 평화로운 시기였다면 덕만 공주의 즉위를 반대하지 않았을 겁니다. 하지만 이런 위기 상황에서 여성을 군주로 내세우는 건 어리석은 결정입니다.

한남성 변호사   하지만 피고는 자신이 전력을 기울여서 국정을 운영했다고 자부했습니다.

비담　선덕 여왕이 품위 있고 영특하다는 점은 나도 인정합니다. 만약 정상적으로 혼인했다면 좋은 부인이자 훌륭한 어머니가 되었을 겁니다. 여왕이 국정 운영에 온 힘을 다했다는 점도 인정합니다. 하지만 아무리 노력한다고 한들 그녀가 여성이라는 근본적인 한계를 뛰어넘을 수는 없었습니다. 물론 자신은 성골이고 왕족이니까 그런 생각을 하지 않았을 수도 있습니다. 백성도 그럭저럭 수긍했습니다. 하지만 이런 권위가 통하지 않는 외국에서 여성이 군주로 있는 신라를 어떻게 생각했겠습니까? 이건 아무리 노력해도 뛰어넘을 수 없는 장벽이었다고요.

한남성 변호사　그러니까 여성이라는 근본적인 한계는 아무리 노력해도 어쩔 수가 없었다는 말이군요.

비담　▶내가 죽고 나서 13년 후에 백제가, 21년 후에 고구려가 멸망했습니다. 그 일 때문에 선덕 여왕 시기의 신라가 안정적이었다고 생각하는 경우가 많은 것 같습니다. 하지만 진평왕부터 선덕 여왕 때까지는 전쟁이 끓일 날이 없던 시기였습니다. 여성은 갑옷을 입고 전쟁터로 나가서 군사를 독려할 수도 없고, 귀족들을 거느리고 영토를 순행하면서 백성에게 위엄을 떨치지도 못합니다.

한남성 변호사　그러니까 능력이 있고 없고에 상관없이 여성이라는 점 자체가 문제였다는 말씀이시군요.

비담　맞습니다. 지금 이승에서 선거로 대통령을 뽑는 일과는 다른 차원의 문제라는 점을 잘 알아주셨으면 합니다.

교과서에는

▶ 백제는 660년에 사비성이 함락되면서 멸망합니다. 백제를 멸망시킨 후 신라는 668년에 고구려도 멸망시켰답니다.

한남성 변호사　　일부에서는 원고가 왕위를 욕심냈기 때문에 반란을 일으켰다고 보고 있습니다.

비담　　천만의 말씀입니다. 지금 이 자리에서 분명히 말하지만, 나는 왕위를 탐내지 않았습니다. 나는 상대등이고 진골 귀족이긴 하지만 왕위를 이을 만한 자격은 없었습니다. 나는 단지 자격이 있는 남성을 왕으로 옹립하려고 했을 뿐입니다. 일부에서는 당나라 황제가 자신의 친족을 여왕과 결혼시키라는 말 한마디에 내가 반란을 일으켰다고 하지만 나는 당나라 황제의 일족을 왕으로 옹립하자는 주장도 하지 않았습니다.

한남성 변호사　　하긴 원고는 반란을 일으킨 와중에도 스스로 왕을 자처하지는 않았죠. 그럼 원고는 피고의 통치가 실패한 원인이 뭐라고 보십니까?

비담　　자신이 무시당한다고 느낀 탓인지는 몰라도 선덕 여왕은 자신의 측근만 중용했습니다. 때문에 불만을 품은 귀족들이 속출한 겁니다.

한남성 변호사　　여왕의 측근이라면 김유신과 김춘추를 말씀하시는 것이군요. 두 사람은 유능한 장군과 정치가로 알려졌는데, 아니었나요?

비담　　김유신이 잘 싸운 건 인정합니다. 하지만 그래 봤자 쳐들어온 백제군을 다시 국경 밖으로 몰아내는 게 고작이었습니다. ▶김춘추는 주로 외국과의 협상을 맡긴 했습니다만 덕만 공주가 왕으로 있을 때에는 눈에 띄는 성과

교과서에는

▶ 김춘추는 호탕하고 사교적인 인물로 말솜씨가 뛰어났다고 합니다. 그래서 신라의 위기를 외교로 극복하기 위해 노력했지요. 백제가 침략했을 때에는 또 다른 적국인 고구려에 찾아가 협상을 시도하기도 했습니다. 이후 당나라에 건너가 신라와 당나라의 연합을 이루어 냈지요.

도독

도독은 통일 신라 시대 각 주(州)에서 가장 높은 벼슬입니다. 왕으로부터 행정권, 사법권, 징병권을 모두 위임받았지요.

를 거둔 적이 없습니다.

한남성 변호사   그런가요?

비담   김춘추가 최초로 교섭에 나선 것은 642년입니다. 고구려와 협상을 시도했지요. 하지만 그것은 같은 해 8월에 대야성이 함락된 것에 대한 책임을 피하기 위한 술수였죠.

한남성 변호사   대야성 함락에 김춘추가 어떤 책임을 져야만 했었나요?

비담   대야성을 지키던 **도독** 품석은 김춘추의 딸과 혼인한 사이였습니다. 즉 장인의 배경 덕분에 대야성이라는 큰 성을 책임지게 된 거죠.

한남성 변호사   지금 피고 측 변호사가 이의를 제기하고 싶어 엉덩이를 들썩거리고 있군요. 왜 그렇게 생각하는지 얼른 말씀해 주셔야겠습니다.

남산에 있는 김유신의 동상

비담   대야성이 어떻게 함락된 줄 아십니까? 윤충이 이끄는 백제군이 쳐들어와서 대야성을 포위했을 때 검일(黔日)이라는 자가 품석이 자기 아내를 빼앗은 것에 앙심을 품고 식량 창고에 불을 질렀습니다. 게다가 품석은 성이 함락될 위기에 처하자 목숨을 부지하기 위해 백제군에 항복하려다가 실패하고 말았죠. 하급 관리들까지 목숨을 걸고 싸우다 장렬히 전사한 상황에서 품석의

행동은 도저히 용서할 수 없는 처신이었어요.

한남성 변호사　그렇다면 품석의 장인인 김춘추에게 이 일에 대한 책임이 있었다는 말이군요.

비담　그렇습니다. 하지만 그는 딸과 사위의 복수를 한답시고 고구려에 지원병을 청하러 가는 걸로 교묘하게 책임을 회피했어요. 물론 선덕 여왕의 비호가 없었다면 불가능한 일이었습니다. 무릇 신하란 군주의 얼굴이나 다름없습니다. 흠이 있는 자는 스스로 반성하고 물러나거나 죄를 청하는 것이 도리이거늘……

한남성 변호사　그러니까 대야성 함락은 도독 품석의 책임이고, 그를 천거한 김춘추 역시 책임을 면하기 어려웠는데 피고는 그런 측근들을 계속 옹호하면서 신라를 위기로 몰아넣었다, 이 말씀이시군요.

비담　그렇습니다. 김춘추는 고구려와의 협상에서 실패한 이후 왜와의 협상마저도 실패하고 말았죠. 그런데도 김춘추를 외교의 달인이라고 부를 수 있을까요?

한남성 변호사　하지만 당나라와의 협상은 성공하지 않았습니까?

비담　결과적으로 성공했을 뿐이죠. 김춘추가 당나라 태종에게 지원병을 요청한 게 648년이었습니다. 그런데 당나라군이 신라의 요청대로 백제를 공격한 게 언제인지 아십니까?

한남성 변호사　그러니까 660년이었죠, 아마?

비담　맞습니다. 무려 12년 만에 지원병이 온 겁니다. 이게 무슨 성공입니까? 그냥 당나라가 고구려에 침입하려는 목적으로 백제를 먼저 공격한 것뿐입니다. 게다가 신라는 645년에도 고구려와 당나라의 싸움에 섣불리 끼어들었다가 낭패를 보기도 했습니다.

한남성 변호사   좀 더 구체적으로 말씀해 주실 수 있겠습니까?

비담   ▶그러니까 645년에 당나라 태종은 고구려에 쳐들어가면서 우리에게도 군대를 동원해서 도우라는 요청을 했습니다. 우리 군대가 남쪽에서 밀고 올라가면 고구려군의 전력이 분산되는 것을 노린 것이죠. 화백 회의에서는 이 문제를 신중하게 결정해야 한다는 의견을 내놨습니다. 일단 당나라가 고구려를 물리칠 수 있을지도 의문일 뿐더러 우리 군대가 북쪽으로 이동하면 백제가 그 틈을 노려 신라를 공격할 것이 뻔했기 때문이지요. 하지만 여왕은 우리의 간언을 무시했습니다. 결국 예상대로 우리 신라군이 고구려를 공격하는 사이 백제군이 쳐들어오는 바람에 군대를 철수시켜야만 했습니다. 남을 도와주기 이전에 자기 집부터 지키는 것이 당연한 것 아닙니까?

한남성 변호사   그러니까 여왕의 독단적인 결정이 신라를 위기로 몰아넣었다는 말씀이시군요.

비담   그건 약과에 불과합니다. 다음 해인 646년 9월에는 왜에서 외교 사절이 와서 신라의 고위 관리를 왜에 파견하라고 억지를 부리는 일이 발생합니다.

한남성 변호사   『니혼쇼키(日本書紀)』에는 왜가 신라에 인질을 내놓으라는 요구를 했다고 기록되어 있더군요.

『니혼쇼키』
일본 나라 시대에 관청에서 펴낸 것으로 일본에서 가장 오래된 역사서입니다

교과서에는

▶ 당나라 태종은 645년에 직접 군대를 이끌고 고구려를 공격했습니다. 연개소문이 영류왕을 죽이고 정변을 일으킨 것을 구실로 삼았지요. 하지만 고구려는 안시성에서 당나라 군대를 막아 냈습니다.

『니혼쇼키』는 일본에 존재하는 가장 오래된 정사(正史)입니다.

비담　사실 인질이라고 해도 할 말이 없죠. 감히 왜에서 그런 말도 안 되는 억지를 부리면 단칼에 거절했어야 정상입니다. 그런데 김춘추는 또 자기가 가겠다고 나서더군요.

한남성 변호사　음, 적극적으로 협상에 나서는 건 칭찬해 줘야 할 일 아닌가요?

비담　김춘추가 자청해서 왜로 건너간 것은 지난해의 실패를 만회하려는 욕심 때문이었습니다. 하지만 왜는 신라 건국 초반부터 우리를 괴롭혔고, 당시에는 백제와 가깝게 지냈습니다. 정말로 협상을 하고 싶었다면 자기들이 고위 관리를 신라에 보내면 그만입니다. 굳이 사람을 보내서 우리 쪽 고위 관리를 왜에 보내 달라고 한 것은 신라의 인질을 잡은 것처럼 꾸며서 자기 나라의 권위를 높이려던 얄팍한 수작일 뿐입니다. 나는 상대등으로서 화백 회의에서 내린 결정에 따라 사절을 파견하는 데 반대했습니다. 하지만 여왕은 이번에도 화

　왜 신라에만 여왕이 있었을까?

백 회의의 결정을 무시하더군요.

한님성 변호사   그러니까 원고께서 반란을 일으킨 이유는 단순히 선덕 여왕이 여성이라서가 아니라 정책상 이런저런 실수를 했기 때문이라는 말씀이시군요.

비담   당시 신라에 가장 중요한 것은 백제와 고구려의 공격을 막아 내고, 나라를 안정시키는 일이었습니다. 하지만 여왕은 원칙 없이 김춘추가 시키는 대로 하거나, 혹은 고집을 부려서 화를 자초했습니다. 여염집에서 아낙이 실수로 불을 내면 집 한 채만 잿더미가 되지만 왕이 통치를 잘못하면 나라 전체가 흔들립니다.

한님성 변호사   말씀 잘 들었습니다. 이상으로 신문을 마칩니다.

판사   피고 측, 반대 신문 하시겠습니까?

김고려 변호사   신문하지 않겠습니다.

판사   그럼 증인은 이제 자리로 돌아가도좋습니다.

2 선덕 여왕은 어떤 정치를 했을까?

김고려 변호사   판사님, 우리 측 증인, 김춘추의 증언을 들을 수 있도록 허락해 주십시오.

판사   알았습니다. 피고 측 증인 김춘추는 앞으로 나와서 증인 선서를 하기 바랍니다.

문이 열리고 김춘추가 증인석으로 걸어 나오다 선덕 여왕 앞에서 걸음을 멈추고 인사를 건넸다. 반면 피고석의 비담은 쳐다보지도 않았다. 증인석에 선 김춘추가 낭랑한 목소리로 말했다.

김춘추   나 김춘추는 오늘 이 자리에서 오직 진실만을 말할 것을 맹세합니다.

판사   피고 측 변호인, 신문 시작하세요.

김고려 변호사   우선 본인 소개부터 간단히 해 주시겠습니까?

김춘추   어, 직접 말하려고 하니까 쑥스럽군요. 나는 신라의 제29대 무열왕인 김춘추올시다. 아버지는 진지왕의 아들인 용춘 공이시고 어머니는 진평왕의 따님이신 천명 공주이십니다. 오늘 재판에 나오신 선덕 여왕을 보필하다가 성골 왕실의 대가 끊기면서 왕위에 오를 수 있었지요.

김고려 변호사   ▶증인은 선덕 여왕 시기에 김유신 장군과 함께 삼국 통일의 기틀을 다졌다는 평가를 받고 있습니다. 앞서 증언한 비담은 제 의뢰인이 여성이기 때문에 다른 국가에서 신라를 업신여겼다고 강력히 주장했는데, 이에 대해서 어떻게 생각하십니까?

김춘추   나는 선덕 여왕 시절 고구려를 비롯해 왜와 당나라에 외교 사절로 갔습니다. 그러나 어느 나라에서도 신라의 국왕이 여성이라는 이유로 업신여김을 당한 적이 없습니다. 무릇 나라의 국력은 현명한 군주와 슬기로운 신하, 그리고 용맹한 장군과 충성스러운 군대로 가늠하는 것이지 군주의 성별로 판단하지 않는 법입니다. 약간 뒤의 일이긴 하지만 당나라의 무후가 스스로 여황제의 자리에 올랐을 때 다른 나라가 비웃었다는 얘기는 들어 본 적이 없습니다.

김고려 변호사   원고는 제 의뢰인이 즉위했을 당시 신라의 상황이 아주 위급해서 여성이 왕위에 올라서는 안 되었다고 주장했습니다. 실제로 칠숙과 석품도 진평왕 때에 선

교과서에는

▶ 김유신과 김춘추는 처남과 매부 사이입니다. 김춘추는 김유신의 누이동생을 아내로 맞았지요. 두 사람의 만남은 삼국을 통일하는 데 큰 주춧돌이 되었습니다. 김춘추는 진골 출신으로, 그가 무열왕으로 즉위한 이후 왕위는 무열왕의 직계 후손들이 거의 독점했고 신라의 왕권이 크게 강화되었습니다.

덕 여왕의 즉위를 반대해 반란을 일으켰고요.

김춘추   칠숙과 석품 같은 귀족들이 여왕의 즉위를 탐탁지 않게 여긴 건 자신들이 권력의 핵심부에서 소외될까 봐 두려웠기 때문입니다. 만약 진정으로 신라의 운명을 걱정했다면 애초에 반란 따위는 일으키지도 않았을걸요? 그건 비담도 마찬가지예요.

김고려 변호사   그러니까 비담이 신라의 운명을 걱정해서 반란을 일으킨 게 아니라는 말씀이신가요?

한남성 변호사   판사님! 지금 피고 측은 제 의뢰인을 고의로 모욕하고 있습니다.

판사   인정합니다. 피고 측 변호인과 증인은 발언을 조심하기 바랍니다.

김고려 변호사   알겠습니다. 증인, 원고는 제 의뢰인이 나라를 잘 다스리지 못해서 신라가 위기에 처했다고 주장하고 있습니다.

김춘추   아까 비담의 얘기를 들어 봤는데 터무니없는 얘기입니다. 물론 당시 전쟁이 잦았던 건 사실이지만 그건 삼국 모두 왕권이 강화되고, 영토가 넓어져서 대규모 군대를 손쉽게 동원할 수 있었기 때문입니다. 거기다 우리 신라에는 불세출의 명장, 김유신 장군과 알천 장군이 있었습니다. 그리고 싸움이 벌어지면 우리만 죽고 다칩니까? 신라가 일방적으로 불리했던 게 아니라, 삼국이 서로 공격과 방어를 거듭했다고 보는 게 더 정확합니다.

김고려 변호사   원고는 제 의뢰인이 증인과 김유신 장군 같은 측근들만을 중용해서 국정을 혼란에 빠뜨렸다고 얘기했는데요.

김춘추 신라는 선덕 여왕 이후 불과 20년 만에 숙적 백제를 멸망시키고 고구려까지 무너뜨렸습니다. 내부적인 갈등이 깊고, 국론이 통합되지 않았다면 불가능한 일이었죠. 이웃 나라 백제를 보십시오. 한때 기세를 떨쳤지만 결국 나당 연합군의 공격 앞에 제대로 싸워 보지도 못하고 무너졌습니다. 국정이 혼란스러웠고, 여왕이 나라를 잘 다스리지 못했다는 비담의 주장은 반란자의 변명일 뿐입니다. 거기다 간교하게도 다른 여왕들까지 걸고넘어진 걸 보면 역시 살아생전의 버릇은 죽어서도 변하지 않나 봅니다.

한남성 변호사 판사님! 증인은 증언을 핑계로 제 의뢰인을 계속 모욕하고 있습니다.

김고려 변호사 아닙니다. 증인은 사실을 있는 그대로 얘기했을 뿐입니다!

판사 이의는 기각합니다. 하지만 이곳 한국사법정 앞에는 "본 법정은 이승의 권력과 기억으로부터 자유롭다"라고 쓰여 있습니다. 증인 역시 조심하기 바랍니다.

김고려 변호사 앞서 나온 비담은 신라가 645년에 당나라의 권고를 받아들여서 고구려를 공격한 것이 결국 큰 화를 불러일으켰다고 주장했습니다. 이에 대해서는 어떻게 생각하십니까?

김춘추 우리가 고구려를 공격하는 사이에 백제가 신라에 쳐들어올 수도 있다는 것을 예상하지 못한 것은 아닙니다. 하지만 손해를 보더라도 움직여야 한다는 게 여왕님과 나의 생각이었습니다.

김고려 변호사 손해를 봐도 움직여야 한다면 당나라와의 관계를 의식한 것입니까?

김춘추　맞습니다. 당시 고구려는 우리와 손잡을 의시기 없었지요. 왜와도 협상을 시도했지만, 그쪽은 일단 상황을 지켜보겠다는 의지가 강했습니다. 남은 건 당나라뿐인데, 어떤 일이든 신의를 얻으려면 손해를 보더라도 약속을 지키는 모습을 보여야만 합니다. 당나라는 우리뿐만 아니라 백제에도 같은 요청을 해 놓은 상태였습니다. 외교 관계를 맺을 때는 자기 색깔을 드러내지 않는 것이 가장 좋지만, 선택의 순간이 오면 확실한 자세를 보여야만 합니다.

김고려 변호사　그래서 귀족의 반대를 무릅쓰고 고구려를 공격했던 것이군요?

김춘추　우리는 당나라의 요청을 받아들였고, 백제는 우리를 공격했습니다. 당장 눈앞의 일을 놓고 보자면 이만저만한 손실이 아니었습니다만, 길게 봤을 때는 결코 손해가 아니었다는 것을 역사가 증명하고 있습니다.

김고려 변호사　그렇군요. 마지막으로 한 가지만 더 묻겠습니다. 증인은 세 명의 신라 여왕들이 신라에 어떤 영향을 미쳤다고 생각하십니까?

김춘추　한 분은 너무 후대에 계신 분이라 내가 모셨던 두 분에 대해서만 말씀드려야겠군요. 선덕 여왕께서는 총명하고 자애로운 분이셨습니다. 신하를 자식처럼 아꼈고, 백성을 내 몸처럼 돌봤습니다. 진덕 여왕 역시 신하의 말에 귀를 기울이셨죠. 두 분이 있었기에 삼국 통일이라는 대업을 이룰 수 있었던 겁니다. 적어도 나는 그렇게 믿습니다.

김고려 변호사   말씀 잘 들었습니다. 이상으로 증인 신문을 마치겠

습니다.

판사   원고 측은 반대 신문을 진행하겠습니까?

한남성 변호사   신문하지 않겠습니다.

판사   증인은 이만 들어가셔도 좋습니다.

3

귀족들이 왕을
폐위시킬 수 있었을까?

한남성 변호사　판사님, 이번에는 원고 측 증인의 증언을 듣도록 허락해 주십시오.

판사　원고 측에서 신청한 증인이라면, 원고와 함께 반란을 일으켰던 염종이군요. 좋습니다. 원고 측 증인은 앞으로 나와서 선서를 하기 바랍니다.

염종　나는 신성한 법정에서 오직 진실만을 말할 것을 선서합니다.

판사　자리에 앉아도 좋습니다. 원고 측은 증인 신문을 시작하세요.

한남성 변호사　증인은 제 의뢰인인 비담과 함께 반란을 일으켰다가 죽음을 당했습니다. 상대등만큼 고위직은 아니었지만 그 나름대로 높은 지위와 권력을 지니신 분께서 왜 반란에 동참하신 겁니까?

염종　지금 반란이라고 했습니까? 반란은 우리가 일으킨 게 아니고 저쪽에 있는 선덕 여왕이 일으킨 겁니다.

염종의 말에 방청객들이 웅성거렸다. 얼굴이 붉어진 김고려 변호사가 의자를 박차고 일어나 거친 목소리로 항의했다.

김고려 변호사   판사님! 지금 증인은 말도 안 되는 억지 주장으로 재판의 본질을 흐리고 있습니다. 증인이 발언을 정정하도록 해 주십시오.

판사   다소 충격적이긴 하지만 왜 그렇게 생각하는지 이유를 듣고 나서 결정하겠습니다. 증인은 계속 증언하세요.

염종   감사합니다. 진실은 이렇습니다. 647년 정월에 상대등 비담이 화백 회의를 열었습니다. 여왕에게 나라를 맡길 수 없다며 선덕 여왕을 폐위시키고 새로운 왕을 선출하자고 제안했죠.

한남성 변호사   그럴 만한 이유라도 있었습니까?

염종   지금도 그때 생각만 하면 한숨만 나옵니다. 선덕 여왕은 줄을 잘못 서도 한참 잘못 서고 말았죠. 645년에 당나라 태종이 고구려를 공격했을 때 도와준답시고 섣불리 군대를 보냈다가 신라는 오히려 백제에게 서쪽 국경의 성을 빼앗기고 말았어요. 그러고도 정신을 못 차리고 바다 건너 천 리 밖에 있는 당나라에 계속 매달리는 바람에 계속 백제와 고구려의 공격을 받았죠.

한남성 변호사   하지만 결국은 당나라군이 바다를 건너와서 백제를 멸망시키지 않았습니까?

염종　　그건 14년 뒤의 얘기고요. 당시에는 몇 년 안에 나라가 무너져도 이상하지 않을 정도로 신라에 위기가 계속되었습니다. 화백 회의에서는 이 위기를 어떻게 대처해야 할지 걱정이 많았죠. 『삼국사기』 「신라 본기」에는 여왕과 김춘추, 그리고 김유신만 정사를 도맡았던 것처럼 나와 있더군요. ▶하지만 화백 회의와 그 구성원인 귀족들은 신라를 움직이는 핵심 역할을 했습니다. 선왕인 진평왕도 화백 회의가 내린 결정을 대놓고 반대하거나 무시하지 못했지요. 그런데 선덕 여왕은 우리의 의사를 전혀 존중하지 않았습니다. 거기다 한 가지 더, 후계자 문제에 대해서 여왕은 아무런 대책을 세우지 않았습니다.

한남성 변호사　　참, 그 문제를 묻는 걸 잊었군요. 피고는 후사가 없었죠?

염종　　그게 가장 큰 문제였습니다. 원래 덕만이 왕위에 오른 이유가 성골 남성이 없었기 때문 아닙니까? 그런데 그녀 역시 후사가 없으니 사촌인 승만 공주를 다음 왕위에 올려야 한다고 주장하더군요. 한 번도 아니고 두 번씩이나 여성을 왕으로 모셔야 한다고 생각하니까 눈앞이 캄캄했습니다. 사실 승만은 나이도 많았고, 선덕 여왕처럼 통치 수업을 받지도 못했죠. 그런데도 승만이 진덕 여왕이 된 것은 김춘추와 김유신에게 자기 말을 잘 들을 왕이 필요했기 때문입니다.

한남성 변호사　　그래서 결국 최후의 수단으로 폐위를 결정했군요.

교과서에는

▶ 화백 회의는 국왕과 귀족 사이의 권력을 조절하는 기능을 담당했어요. 귀족들은 화백 회의에서 왕을 폐위시킨 적도 있습니다. 진지왕은 "정치가 어지럽고 음란하다"는 이유로 폐위되었지요.

염종   그렇습니다. 상대등 비담 공이 화백 회의를 소집해서 덕만의 폐위 문제를 논의했을 때 만장일치로 찬성했습니다.

한남성 변호사   그렇게 되면 자연스럽게 피고가 지명한 후계자 역시 왕위에 오르지 못하겠네요. 그런데 피고 측이 승복하지 않고 반발했군요.

염종   반발한 정도가 아니라 반역을 일으킨 겁니다. 김유신이 군대를 소집한다는 얘기를 듣고 설마 했죠. 감히 화백 회의가 내린 결정에 반대할 줄은 몰랐거든요.

한남성 변호사   그러니까 증인의 주장은 원고가 반란을 일으킨 것이 아니라 정당한 절차에 따라 선덕 여왕의 폐위 결정을 내렸는데 피고가 이를 받아들이지 않고 무력을 동원했다는 것이군요.

염종   우리가 진짜 반란을 일으킬 생각이었다면 선덕 여왕이나 하다못해 김유신이라도 먼저 제거하거나 왕궁인 월성이라도 점령했을 겁니다.

한남성 변호사   증인의 말씀이 사실이라면 반란을 일으킨 건 오히려 피고 측이 되겠군요.

염종   그렇습니다. 우리는 패배하는 바람에 역적이 된 것뿐입니다. 비담 공도 나도 죽는 건 억울하지 않았지만, 선덕 여왕과 그 일당이 두고두고 우리를 역적으로 낙인찍을 것이 마음에 걸렸을 뿐입니다.

한남성 변호사   말씀 감사합니다. 이상으로 신문을 마치도록 하겠습니다.

판사   수고했습니다. 피고 측 변호인, 신문하겠습니까?

판사의 말에 선덕 여왕과 귓속말을 주고받던 김고려 변호사가 벌떡 일어났다.

김고려 변호사　물론입니다. 증인과 원고의 말대로 선덕 여왕이 나라를 잘 다스리지 못했다면 왜 16년 동안이나 참고 있다가 반란을 일으킨 겁니까?

염종　왕을 바꾸는 게 말처럼 쉬운 줄 아십니까? 그리고 당시 신라 사람들은 그래도 성골이 왕위에 올라야 한다는 생각을 하고 있었습니다. 후세 사람들이 착각하는 게 뭔 줄 압니까? 몇십 년 후에 신라가 백제와 고구려를 멸망시킨 걸 보고는 선덕 여왕의 시대가 대단히 성공적인 줄 안다는 겁니다. 신라는 백제의 의자왕이 즉위한 이후 계속된 전쟁에서 연이어 패했고, 다른 나라와 동맹을 맺는 문제에서도 실패를 거듭했습니다. 넓어진 영토를 지킬 자신이 없으면 포기할 건 과감하게 포기하고 지킬 건 지켜야 하는데, 여왕은 판단을 내리지 못하고 우왕좌왕하기만 했습니다.

김고려 변호사　제 의뢰인이 눈에 보이는 것만으로 판단하지 말라는 얘기를 전해 달라더군요. 좀 전에 증인으로 나온 김춘추가 증언한 것처럼, 당나라를 도와 고구려의 남쪽 국경을 공격할 경우 그 틈을 노려 백제가 신라를 공격할 것을 충분히 예상했다고 합니다.

염종　흥, 그걸 알면서도 군대를 움직였다면 정녕 제정신이 아닌 거지요.

김고려 변호사　시야를 좀 넓게 가져 보시지요. 덕분에 신라는 당나라에게 믿을 만한 동맹국이라는 인식을 심어 줬습니다. 반면 백제는 그런 신라의 뒤통수를 쳤지요. 신라가 당나라와 손을 잡아야 하는 상황이라면 크게 손해 본 게 아니라는 생각이 드는데요.

염종　　후대 사람들은 역사책에 기록된 결과만 가지고 이렇다 저렇다 판단하지만 현실은 좀 다릅니다. 여왕은 우리에게 왜 그렇게 피를 흘리고 성을 빼앗기면서까지 당나라에게 잘 보여야 하는지 아무런 설명도 하지 않았습니다. 선덕 여왕은 선대왕으로부터 성골의 피는 이어받았을지 모르지만 실력은 물려받지 못했죠. 그게 가장 결정적인 문제였습니다.

김고려 변호사　　그래서 제 의뢰인이 죽음을 앞둔 혼란기를 노려 반란을 일으킨 것이군요.

한남성 변호사　　피고 측 변호인은 추측을 근거로 증인을 모욕하고 있습니다. 즉각 제지시켜 주십시오.

판사　　이의를 받아들입니다. 피고 측 변호인은 증인을 자극하는 발언을 삼가세요.

김고려 변호사　　죄송합니다. 다시 질문을 드리겠습니다. 그동안 증인과 원고는 여성이 왕위에 있는 것이 신라에 도움이 되지 않기 때문에 반란을 일으켰다고 했습니다. 하지만 이들이 반란을 일으킨 647년 정월은 제 의뢰인이 숨을 거두기 직전입니다. 곧 죽을 사람의 통치를 문제 삼아서 반란을 일으켰다는 것은 말이 안 되죠. 두 사람이 주도한 반란은 제 의뢰인보다는 뒤이어 즉위할 진덕 여왕과 그녀를 옹립한 김춘추, 김유신을 겨냥한 권력 투쟁의 일환입니다. 이에 대해서 어떻게 생각하십니까?

염종　군주의 책임이라는 것은 눈을 감는 그 순간까지 유효한 것입니다. 이미 여성이 통치자로서 적합하지 않다는 점이 입증되었는데 또다시 성골 남성이 없다는 이유로 여성을 왕위에 올리는 것은 자기 입맛대로 나라를 움직이겠다는 수작이 아니고 뭡니까?

김고려 변호사　그렇다면 반란을 일으킨 진짜 이유는 국왕이 여성이어서가 아니라 새로운 정치 세력에게 밀려날 것을 두려워했기 때문이라고 봐도 되겠습니까?

염종　이미 여성 군주가 어떻게 나라를 망치는지 두 눈으로 똑똑히 지켜본 상황에서 또다시 여왕의 등극을 보고 있을 수는 없었습니다.

김고려 변호사　제 의뢰인이 김유신과 김춘추의 꼭두각시에 불과했다는 증인의 주장을 입증할 만한 근거가 있으십니까?

염종　김춘추는 폐위당한 진지왕의 손자고, ▶김유신은 망한 가야의 왕족 출신입니다. 화백 회의를 소외시키고 그런 자들을 가까이한 사실 자체가 그것을 증명하는 것 아니겠습니까?

김고려 변호사　글쎄요. 증인의 말씀은 근거로 내세우기에 설득력이 별로 없어 보이는데요.

한남성 변호사　이의 있습니다. 피고 측 변호인은 지금 증인의 말을 비웃고 일부러 말의 진실성을 약화시키고 있습니다.

판사　인정합니다. 피고 측 변호인은 조심해 주기 바랍니다.

교과서에는

▶ 김유신은 가야 왕실의 후손입니다. 때문에 신라 귀족 사회에서 좋은 대접을 받지는 못했지요. 그래서 그는 더욱 엄격하고 비장한 각오로 생활했다고 합니다.

김고려 변호사   알겠습니다. 그럼 다음 질문으로 넘어가겠습니다. 당나라와의 동맹에 관한 증인의 견해에 대해 질문하겠습니다. 증인은 멀리 떨어진 당나라와 협상하는 것이 신라에 아무런 도움이 되지 않는다고 답하셨죠?

염종   그렇소이다. 물론 고구려나 백제보다야 도움이 되겠지만 당나라는 멀리 떨어져 있어서 실질적인 도움이 되지 않으니 섣불리 움직이지 말라고 강력하게 충고했었지요.

김고려 변호사   그럼 당나라를 제외하고 주변국 중 신라가 안심하고 동맹을 맺을 만한 나라가 또 있었을까요? 아시다시피 고구려는 신라와 협상할 때 죽령(지금의 충북 단양과 경북 영주 사이) 이북의 땅을 넘겨달라는 요구 조건을 내걸었고, 왜 역시 백제와 가까운 탓에 쉽사리 협력하지 않았던 것으로 알고 있는데요?

염종   협상이라는 게 한순간에 혹은 한 번에 잘되는 경우는 없습니다. 끈기를 가지고……

김고려 변호사   그거야 당연하죠. 그러니까 당시 신라가 어느 쪽과 어떻게 동맹을 맺었어야 했는지 묻는 것 아니겠습니까? 김춘추는 적어도 목숨을 걸고 고구려와 왜에 가서 협상을 벌였습니다.

염종   그렇다고 당나라가 대안이 되는 건 아닙니다. 거기다 그렇게 대놓고 편을 들면 어쩌자는 건지……

김고려 변호사   제 의뢰인이 그러더군요. 화백 회의를 신뢰하지 않은 이유는 이렇게 대안 없는 반대만을 일삼았기 때문이라고 말입니다.

한남성 변호사   판사님, 피고 측 변호인은 증인에게 고의적으로 모욕을 주고 있습니다. 즉각 제지해 주시기를 바랍니다!

판사　받아들이겠습니다. 피고 측 변호인은 감정을 상하게 하는 말을 삼가세요.

김고려 변호사　『삼국사기』에서 김부식은 여성이 나라를 통치한 일을 적극적으로 비판했지만, 이것은 어떤 근거가 있는 말이 아니라 저자의 개인적인 생각을 끝에 적은 것뿐입니다. 증인과 원고는 여왕이 무능해서 반란을 일으켰다고 주장하지만, 사실은 권력에서 소외된 것에 대한 불만을 표출한 것에 불과합니다. 그리고 거듭해서 신라가 위기 상황이었다고 주장하는데, 이것 역시 당시 삼국 통일을 눈앞에 둔 상황이었다는 점에서 근거가 희박합니다.

판사　당시 신라가 위기 상황이었는지, 아니었는지에 대해서는 양측의 의견이 엇갈리는 만큼 증인들의 얘기를 듣는 것보다 전문가의 객관적인 견해가 필요할 것 같습니다. 지난 재판에서 골품제와 성골에 대해서 설명해 준 나신라 교수님께서 방청석에 계신 것 같은데, 이 문제에 대한 견해를 들어 보도록 하겠습니다. 나신라 교수님, 앞으로 나와서 선덕 여왕 시기 신라의 전반적인 상황에 대해서 말씀해 주실 수 있겠습니까?

　　법정 경위의 안내를 받아 판사석 앞으로 나온 나신라 교수가 헛기침을 한 번 하고 나서 설명을 시작했다.

나신라　7세기 중반의 신라는 대단한 위기 상황이었습니다. 지나치게 공격적으로 영토를 확장한 탓에 고구려와 백제로부터 견제와 미움을 받았죠. 신라는 이런 위기에서 벗어나기 위해 고구려, 애아 동맹을 맺으려고 했지만 실패하고 맙니다. 다음 대안으로 등장한 것이 바로 당나라입니다. 마침 당나라 태종은 고구려를 정벌하기로 마음먹은 상태였고, 신라에게 군대를 움직이라는 실질적인 군사 행동을 요구했습니다. 신라 조정은 이 문제를 놓고 깊은 고민과 갈등에 빠졌습니다. 고구려가 수나라의 백만 대군을 무찌른 것을 봤던 신라로서는 섣불리 움직일 수 없었죠.

판사 하긴 이번에도 고구려가 크게 이기면 당나라 편을 들었던 신라는 가혹한 대가를 치러야 했겠네요.

나신라 그러는 사이 645년 2월, 당태종은 다시 선덕 여왕에게 국서를 보내 수군 대총관 장량과 함께 신라 군대를 움직이라는 구체적인 요구 조건까지 내겁니다.

판사 신라가 당나라의 요구대로 군대를 움직이나요?

나신라 예. 645년 4월에 당나라군이 요하를 건너는 것에 발맞춰, 5월에 신라는 군대를 동원해 임진강을 건너 고구려의 수구성(水口城)을 공격합니다.

판사 백제가 옆에 있는 상황에서 대단한 모험을 한 셈이군요.

나신라 그 모험이 바로 삼국의 운명을 갈라놓았죠. 당시 선덕 여왕의 주변 상황은 좋지 않았을 것으로 추정됩니다. 바로 그해에 비담이 상대등으로 임명됩니다. 그리고 2년도 안 되어 반란을 일으키죠. 여왕의 측근이 아닌 인물을 최고위직에 임명한 것으로 보아 왕

권이 안정되었다고 보기는 어려운 상황이죠. 제 추측이긴 합니다만 비담을 비롯한 대신은 딩나라를 위해 군대를 움직이는 것에 반대했을 겁니다.

판사 그럼에도 여왕은 군대를 움직였군요.

나신라 주변의 반대를 무릅쓰고 성공 여부가 불투명한 일을 결정한 거죠. 그 판단을 한 것이 누구건 최종 결정을 내린 사람은 선덕 여왕입니다.

판사 그 결정은 성공이었나요? 아니면 실패였나요?

나신라 신라군이 고구려를 공격하는 사이에 백제군이 신라 국경을 침범해서 일곱 개 성을 함락시킵니다. 당나라군도 안시성 전투에서 고구려에 패배해서 물러나죠. 645년이라면 '여왕의 정책이 잘못되었다'라는 판단이 대세를 이뤘을 겁니다. 하지만 장기적으로 봤을 때 당나라와의 동맹은 신라가 선택할 수 있었던 최고의 방법이었습니다. 당나라 입장에서 보기에 신라는 자신들에게 협력한 나라이고, 백제는 그런 신라를 공격한 믿을 수 없는 나라가 된 겁니다.

판사 하지만 그 당시에는 피고의 입장을 곤란하게 만들었겠네요.

나신라 맞습니다. 수구성을 공격하던 신라군이 철수하고 645년 11월에 비담이 상대등으로 임명됩니다. 아마 귀족 세력의 반발을 무마하기 위해 그들의 대표자 격인 비담을 상대등에 임명한 것 같은데 1년 남짓 후인 647년 정월에 비담이 반란을 일으킨 것을 보면 갈등을 해소하는 데 실패한 것으로 여겨집니다.

판사 그렇군요. 말씀을 더 듣고 싶지만, 재판에 영향을 미칠 것 같아서 그만해야겠군요. 시간도 많이 흘렀으니 오늘 재판은 이만 마치겠습니다. 다음 재판에서 못다 한 이야기를 더 듣도록 하겠습니다.

땅! 땅! 땅!

왜 신라에만 여왕이 있었을까?

왕을 폐위할 수 있었던
화백 회의

   화백 회의는 진골 귀족들의 회의체로 상대등이 주관합니다. 만장일치제를 채택했으며 중요한 나랏일을 처리했지요. 심지어 화백 회의의 귀족들은 왕의 폐위를 결정하기도 했답니다. 실제로 진지왕은 화백 회의가 내린 폐위 결정에 따라 왕위에서 물러났어요. 어떤 역사학자들은 이러한 사실을 토대로 상대등 비담이 화백 회의를 통해 선덕 여왕의 폐위를 추진했다는 견해를 제시합니다. 즉 비담이 반란을 일으킨 것이 아니라, 선덕 여왕이 화백 회의의 결정을 따르지 않았다는 것이지요.

   하지만 정반대의 의견도 있어요. 귀족 세력의 대표인 비담이 진덕 여왕의 왕위 계승에 불만을 품고 반란을 일으켰다는 것입니다. 이 경우 비담의 난은 귀족 세력과 왕권이 대립한 것으로 볼 수 있겠지요.

   하나의 사건을 두고 이렇게 여러 가지 의견이 존재하는 것은 남아 있는 자료가 많지 않기 때문이에요. 그리고 연구하는 사람에 따라 같은 자료를 서로 다르게 해석하기 때문이기도 하고요. 이렇듯 역사는 교과서처럼 정해진 것이 아니라 여러분이 탐구하고 고민해서 만들어 가는 것이랍니다.

다알지 기자

　　방금 두 번째 재판이 끝났다는 소식이 들어 왔습니다. 오늘은 피고 선덕 여왕이 왕위에서 물러나야 할 정도로 큰 잘못을 저질렀는지에 대한 공방이 오고 갔습니다. 오늘 재판에서 원고 비담은 피고의 통치가 위기에 빠진 신라에 아무런 도움이 되지 않았다며 피고 측을 공격했습니다. 반면 피고 측 증인 김춘추는 선덕 여왕의 현명한 통치가 삼국 통일의 기틀을 마련하였다고 극찬하며, 원고가 일으킨 반란을 강력하게 비난했습니다. 원고 측 증인으로 나온 염종은 화백 회의에서 선덕 여왕의 폐위를 결정했으며 오히려 이 결정에 반발한 선덕 여왕과 김유신이 반역자라고 주장해서 법정 안을 뜨겁게 달궜습니다. 다소 맥빠지게 진행되었던 첫날과는 달리 오늘 재판에서는 선덕 여왕의 통치에 대한 치열한 논쟁이 벌어졌는데요. 오늘 증인으로 나온 김춘추와 염종 두 분을 모시고 자세한 얘기를 들어 보도록 하겠습니다.

김춘추

오늘 재판에서 반역자 비담과 염종은 자신들의 잘못과 실책을 감추는 데 급급했어요. 오직 선덕 여왕이 여성이고, 자신들의 뜻과는 다르게 행동했다는 이유만으로 신라를 제대로 통치하지 못하였다는 말만 되풀이했습니다. 하지만 선덕 여왕께서 통치하던 당시 신라는 백제와 고구려의 침략 속에서도 꿋꿋하게 버티면서 내실을 다져 가던 중이었습니다. 두 반역자는 당시가 위기 상황이었다고 주장하는데 전쟁이 빈번하게 벌어졌을 뿐 결정적인 패배를 당해서 국가가 위태로웠던 적은 없었습니다. 비담 세력은 자신들이 권력의 중심부에서 소외되는 것에 불만을 품고 반란을 일으켰던 것뿐입니다. 여왕이 신라를 제대로 다스리지 못했다는 주장은 반역을 위한 거짓 명분입니다. 그 시기가 정말 위기였다면 어떻게 20여 년 만에 백제와 고구려를 정벌할 수 있었겠습니까?

염종

그나마 이런 자리가 있어서 그동안 하고 싶었던 얘기를 다 할 수 있었습니다. 고맙습니다. 물론 역사는 승자의 것이라고는 하지만 우리들의 정당한 목소리는 지금껏 외면당해 왔습니다. 김춘추나 선덕 여왕은 그 시대가 성공적이라고 포장하기 바쁩니다만, 당대를 살던 사람들은 위기감을 뼈저리게 느꼈을 겁니다. 멀리 떨어져 있는 당나라에만 지나치게 매달려서 위기를 자초해 놓고서도 싸움 몇 번 이겼다고 위기가 아니었다고 말하다니…….. 나는 절대, 절대로 동의할 수 없습니다!

선덕 여왕과 관련 있는 인물은 누가 있을까요?

선덕 여왕

논란의 여지가 많지만 『화랑세기』에 따르면 선덕 여왕은 두 사람과 세 번 결혼했다고 적혀 있습니다. 두 사람은 신라 25대 왕인 진지왕의 아들로 용수와 용춘 형제입니다. 형인 용수는 진평왕의 딸인 천명 공주와 결혼을 하였고, 용춘은 선덕 공주와 결혼을 하였다고 합니다. 하지만 용춘과 선덕 사이에 아이가 생기지 않아 용춘 스스로 물러나게 됩니다. 이후 천명 공주가 아들 김춘추만을 남기고 죽자 선덕 여왕은 용수와 결혼을 하지만 이 결혼에서도 아이를 얻지 못하게 되어 다시 용춘을 남편으로 맞아들였다고 합니다. 이러한 결혼은 지금으로서는 이해하기 힘들지만, 당시 신라의 골품제라는 신분제 속에서 순수한 왕족의 혈통을 유지하기 위한 궁여지책으로 받아들여야 할 것입니다. 『화랑세기』의 기록이 사실인지 아닌지는 정확하게 알 수 없지만, 선덕 여왕에게 아들이 없었던 것은 사실이었습니다. 때문에 선덕 여왕은 자신의 왕위를 사촌 동생인 승만에게 물려주게 됩니다. 이 사람이 바로 신라 제28대 왕인 진덕 여왕입니다.

김유신

가야 왕족의 후손이자 신라가 백제
와 고구려를 무너뜨리고 통일을 이
루는 데 중요한 역할을 한 신라의 장
군이자 정치가가 바로 김유신입니
다. 『삼국유사』에 따르면 김유신과
관련된 일화가 전해집니다. 평소 막
역한 사이였던 김춘추와 축국(공을
땅에 떨어뜨리지 않고 차던 놀이)을 하던 김유신은 일부러 그의 옷고름을 밟아
터지게 하였습니다. 그리고 옷고름을 꿰맨다는 핑계로 그를 자신의 집으로
데려가 누이동생인 문희에게 옷고름을 꿰매게 하지요. 이 일을 계기로 김춘
추는 문희와 가까워지고 마침내 문희가 임신을 하게 됩니다. 그러자 김유신
은 선덕 여왕이 남산에 행차하는 날에 맞춰 집 뒤뜰에 장작더미를 쌓아 놓
고 불을 질러 연기를 피워 올렸습니다. 그리고는 "혼인도 하지 않고 아이를
가진 누이를 화형에 처한다"라고 소문을 냈지요. 연기와 함께 이 소문을 전
해 들은 선덕 여왕은 안절부절못하는 김춘추가 아이의 아버지임을 짐작하
고 문희를 구해 줄 것을 명하지요. 이것이 계기가 되어 김춘추와 문희는 혼
인을 하게 되고, 김유신은 김춘추와 처남 매제간이 됩니다. 김춘추가 선덕
여왕의 조카이자 이후 태종무열왕이 되는 왕족임을 생각하면 김유신은 이
결혼으로 왕족의 가족이 되었음을 의미하지요.

당태종

신라는 642년 백제와의 대야성 전투에서 큰 위기에 부딪치게 됩니다. 선덕 여왕이 왕이 된 지 11년이 되던 해였지요. 이 전투에서 김춘추의 사위인 품석이 죽는 등 신라는 큰 타격을 입게 되고, 급기야 선덕 여왕은 당나라에 사신을 보내 도움을 요청합니다. 이에 당태종은 신라의 위기를 자국에 유리한 방향으로 이용하기 위해 세 가지 방책을 제시하지요.『삼국사기』의 '선덕 여왕 본기'에 따르면, 이 세 가지 방책 중 첫째는 당나라 군대가 요동을 치는 방안이고, 둘째는 신라 군대가 당나라 군대 행세를 해서 고구려와 백제에게 겁을 주는 방안입니다. 마지막 셋째는 당나라 황족이 임시로 신라 국왕의 자리를 맡고 당나라 군대가 신라를 보호해 주다가 신라가 안정되면 신라인에게 국왕 자리를 돌려주는 방안이었습니다. 이러한 세 가지 당태종의 방책은 실제로 이루어지기를 기대했다기보다는 위기에 처한 신라를 압박하여 외교적인 이익을 보고자 했던 당태종의 지략으로 해석하는 견해가 많습니다.

여왕들은 신라에 어떤 존재였을까?

1. 진성 여왕은 정말 정치를 못했을까?
2. 여왕들은 허수아비에 불과했을까?

교과연계

한국사
I. 우리 역사의 형성과 고대 국가
　4. 통일 신라와 발해의 성립과 발전

진성 여왕은
정말 정치를 못했을까?

판사　세 번째 재판을 시작하겠습니다. 다들 아시다시피 오늘로서 이번 재판은 모두 끝납니다. 따라서 선덕 여왕과 함께 소송이 제기된 두 분의 여왕들에 대해서 중점적으로 이야기해 달라고 양측에 주문했습니다. 지난 재판에서 원고 측 증인을 먼저 불렀으니 오늘은 공평하게 피고 측 증인을 소환해서 얘기를 들어 보겠습니다.

　판사의 손짓을 받은 경위가 문을 열자 관복 차림의 중년 남성이 증인석을 향해 다가왔다.

판사　증인 선서를 하기 바랍니다.
최치원　나 최치원은 이 자리에서 오직 바른말만을 할 것을 선서

합니다.

판사 피고 측, 증인 신문 하기 바랍니다.

김고려 변호사 시간을 내 주셔서 감사합니다. 우선 본인 소개부터 부탁하겠습니다.

최치원 따로 소개할 정도로 대단한 인물은 아닙니다. 내 이름은 최치원, 857년에 경주 사량부의 보잘것없는 집안에서 태어났습니다. ▶어릴 때 제법 글을 읽으니 아버지께서 나를 열두 살의 나이에 당나라로 유학을 보내셨습니다. 6년 동안 공부에 열중한 끝에 874년에 외국인을 대상으로 하는 빈공과에 장원으로 합격했죠.

김고려 변호사 황소의 난 때 그 유명한 「토황소격문」을 쓰셨죠?

최치원 나 같은 문인이야 뭐, 붓으로 싸워야 하지 않겠습니까?

최치원이 허허 웃으며 대답했다. 방청석에서 웅성거림으로 소란해졌다.

"아, 맞아. 「토황소격문」으로 적장의 간담을 서늘하게 했다는 말은 들었네만, 저분이란 말이지?"

"명문으로 중국에도 이름을 널리 알렸다네."

판사가 법봉을 들어 몇 번 두드리며 조용히 해 줄 것을 요청했다.

판사 피고 측 변호인 계속하세요.

사량부
신라 내 경주를 6부로 나누이는데, 그중 한 지역의 이름입니다.

황소의 난
875년부터 884년까지 중국 당나라에서 일어난 농민 반란입니다. 소금 밀매업자였던 황소가 주도했으며 한때 당나라의 수도인 장안을 점령하는 등 기세를 떨쳤지만 결국 진압됩니다. 당나라 역시 결정적인 타격을 입고 곧 멸망합니다.

교과서에는

▶ 통일 신라 시대에는 당나라에 건너가 공부를 한 유학생들이 많았습니다. 특히 최치원은 당나라에서 외국 유학생을 상대로 한 과거 시험인 빈공과에 급제하고 문장가로 이름을 날렸지요.

시무 10조
급선무로 시행해야 할 시국 대책 10가지 조항이지요. 시무 10조의 내용은 ① 새 궁궐로 옮길 것, ② 관리의 수를 줄이고 녹봉을 적당히 할 것, ③ 토지 제도를 바로잡고 빼앗은 토지는 돌려줄 것, ④ 선량한 관리를 임명하고 세금을 적당히 할 것, ⑤ 공물 진상을 금하고 안찰사의 임무를 명확히 할 것, ⑥ 승려의 왕궁 출입과 고리대업을 금할 것, ⑦ 탐관오리를 징벌하되 잘한 자는 상을 줄 것, ⑧ 관리의 사치를 금할 것, ⑨ 비보사찰 이외에는 모두 없애고 함부로 절을 세우는 것을 금할 것, ⑩ 신하의 간언을 용납하고 바른 말 하는 관리를 등용할 것, 이상 열 가지입니다.

교과서에는

▶ 최치원은 신라에 귀국한 후 개혁안 10여 조를 건의했습니다. 그러나 개혁안은 받아들여지지 않았고, 최치원은 이후 은둔 생활을 하며 책을 썼습니다. 그는 유학자이지만 불교와 도교에도 깊은 관심이 있었다고 해요.

김고려 변호사　예, 알겠습니다. 증인, 당나라에 남아 계셨다면 출세하셨을 텐데 굳이 신라로 돌아온 이유가 무엇입니까?

최치원　배움이 깊어지면 신라로 돌아와 보고 배운 것을 펼치리라 맹세했습니다. 내 나라에 도움이 되어야 하지 않겠습니까. 885년에 귀국해서 시독 겸 한림학사에 임명되었습니다. 주로 당나라에 보내는 국서를 쓰고 다듬는 일을 맡았죠.

김고려 변호사　여기 나오신 여왕님들 중 어느 분과 인연이 있으신가요?

최치원　▶나는 진성 여왕께 나라를 바로잡을 수 있는 시무 10조를 건의했던 적이 있습니다. 여왕께서는 내 의견을 옳게 여기시고 나를 6두품이 오를 수 있는 최고위 관등인 아찬으로 삼으셨습니다. 하지만 다른 귀족들의 방해로 결국 시무 10조는 실패로 돌아가고 말았죠. 이후 나는 관직을 내놓고 세상 구경을 하면서 세월을 보내다가 스님이 된 형이 있는 해인사에서 남은 생을 보냈습니다.

김고려 변호사　그 당시 신라는 각지에서 일어난 반란 때문에 망하기 일보 직전이었다고 기록되어 있는데요. 실제로는 어땠나요?

최치원　나라가 망하는 건 지배층의 눈이 멀고 귀가 안 들리면서부터입니다. 지방에서는 힘 있는 자들이 졸개들

을 모아서 반란을 일으켜 성주를 자처하는데, 경주에서는 향락에 빠진 귀족들의 웃음소리밖에는 들리지 않았습니다.

김고려 변호사　그 와중에 진성 여왕이 즉위했군요.

최치원　그렇습니다. 정강왕이 후사 없이 승하하시자 누이동생인 진성 여왕이 즉위한 것이죠.

김고려 변호사　옆에서 지켜보니 진성 여왕은 어떻던가요?

최치원　이런저런 소문 때문에 걱정하긴 했지만, 진성 여왕은 생각보다 명민하고 위기에 처한 나라를 구하겠다는 의지가 강했습니다.

김고려 변호사　하긴 그러니까 시무 10조라는 개혁안을 받아들였겠죠?

최치원　맞습니다. 내가 알현했을 때에도 시무 10조를 바탕으로 국정을 운영하겠다는 뜻을 분명히 밝히셨습니다.

김고려 변호사　하지만 개혁안은 보기 좋게 실패로 돌아갔죠. 상심한 증인은 관직을 내놓고 유랑 생활을 하신 거고요.

최치원　완고한 귀족들이 문제였습니다. 아무도 여왕을 도와주지 않으니 여왕이 어찌 뜻을 펼칠 수 있었겠습니까?

김고려 변호사　결국 여왕이 문제가 아니라 남성 귀족들이 문제였군요?

최치원　분명히 말씀드리지만, 진성 여왕은 전력을 기울여 상황을 수습하려고 노력하셨습니다. 그게 안 되니까 깨끗하게 포기하고 헌강왕의 서자에게 왕위를 물려주셨고요.

김고려 변호사　이번 재판의 쟁점은 여왕들의 통치가 신라에 피해를 췄다는 점인데요. 이에 대해서 증인의 생각을 듣고 싶습니다.

최치원　다른 두 분은 내가 뭐라고 평가를 하기가 어렵고, 내가 모셨던 진성 여왕에 대해서 말씀드리겠습니다. 이런저런 얘기들이 많은 건 잘 알고 있지만 적어도 무엇이 잘못되었고, 어떻게 고쳐야 할지는 명확하게 아시는 분이셨습니다.

김고려 변호사　말씀 감사합니다. 이건 재판과는 상관없는 질문이니까 편하게 대답해 주셔도 좋습니다. 여왕들은 신라에 어떤 존재였을까요?

최치원　1000년 가까이 이어져 온 신라는 56명의 왕을 거쳤습니다. 그중에는 슬기롭고 현명한 왕도 있었고, 아둔하고 고집스러운 왕도 있었죠. 그들 중 세 명이 여성이었다는 점은 눈여겨볼 만한 대목이긴 합니다만 시대가 변하면서 사람들은 자신들의 입맛에 맞게 꾸미고 갖다 붙이는 경향이 있더군요. 여왕들은 신라의 역사가 남긴 흔적입니다. 좋게 보건 혹은 나쁘게 보건 그건 오직 받아들이는 사람의 마음속에서만 가늠할 수 있을 겁니다.

김고려 변호사　말씀 감사합니다. 이상으로 증인 신문을 마칩니다.

판사　수고했습니다. 원고 측은 반대 신문 하겠습니까?

한남성 변호사　물론입니다. 증인은 진성 여왕 때에 반란이 몇 건이나 일어났는지 아십니까?

최치원　정확한 숫자는 잘 모르겠습니다.

한남성 변호사　그와 관련된 『삼국사기』 중 「신라 본기」의 기록을 좀 읽어 드리겠습니다. 진성 여왕 재위 3년, 그러니까 889년의 기록

나마
신라 때의 관직 계급으로 17관
등 중 11번째였다고 합니다.

입니다.

국내의 여러 주와 군들이 세금을 내지 않아서 재정이 고갈되었다. 이에 사신을 전국 각지에 보내 세금을 내도록 독촉하였더니 도적이 크게 일어났다. 특히 사벌주(지금의 상주)의 원종과 애노가 일으킨 반란이 가장 규모가 컸다. 이에 왕이 **나마**(奈麻) 영기를 보내 싸우게 하였다. 영기는 도적의 기세가 강한 것을 보고 싸우기를 주저했다. 이에 촌주 우련이 힘껏 싸우다 죽었다. 왕이 이 소식을 듣고 영기의 목을 베고 나이가 열 살인 우련의 아들에게 촌주의 자리를 잇게 하였다.

물론 진성 여왕 이전에도 도적은 존재했습니다. ▶하지만 진성 여왕이 왕위에 있을 때 일어난 반란은 그 이전과는 다른 양상을 보입니다. 민란이나 폭동 수준을 넘어서 지역 전체를 장악하고 관리를 사칭하는 등 규모가 커진 것이지요. 왜 하필 진성 여왕 때에 반란의 양상이 달라지고 좀 더 규모가 커졌을까요?

교과서에는

▶ 통일 신라 말기에는 흉년이 들고 전염병이 돌아 백성의 생활이 어려워졌어요. 왕이 지방에 관리를 보내어 세금을 거두라 하였으나 농민들은 세금을 낼 형편이 아니었지요. 결국 화가 난 농민들은 난을 일으켰고 그 틈을 타 궁예, 견훤과 같은 새로운 세력이 등장했습니다.

최치원　　그거야 이전부터 쌓여 왔던 갈등이 터진 것이죠. 진성 여왕께만 책임을 물을 수는 없습니다.『삼국사기』 기록을 인용하셨죠? 그럼 나도 같은『삼국사기』 기록을 인용해 보겠습니다. 여왕의 오빠인 헌강왕이 재위한 지 6년째니까 880년의 기록입니다.

880년 9월 9일에 왕이 신하들과 함께 월상루에 올라갔다. 집이 끝없이 늘어서 있고, 흥겨운 노랫소리가 들려왔다. 왕이 시중 민공에게 백성이 짚으로 엮은 초가집 대신 기와집을 짓고 살고, 밥도 나무로 하지 않고 숯으로 한다는 얘기를 들었다고 물었다. 이에 민공이 사실이라며 맞장구를 치며 왕께서 즉위하신 이후로 해마다 풍년이 들어서 백성의 살림이 넉넉해졌고, 국경이 안정되었으니 이것이 다 왕의 덕이 높은 덕이라고 대답했다. 이에 왕이 기쁜 얼굴로 신하들이 힘써 도와준 덕이라고 대답했다.

다음 해에는 임해전에서 잔치를 열었는데 왕이 거문고를 연주하고 신하들이 춤과 노래로 화답했다.

양길
통일 신라 말기 북원에서 반란을 일으켰다가 궁예에게 역습을 당하였지요.

기훤
신라 말기 진성 여왕 시기에 죽주에서 난을 일으킨 지방 세력가입니다.

견훤
진성 여왕 시기에 완산에서 일어나 후백제를 세우고 세력을 넓혀 갔습니다.

이 기록을 보십시오. 신하들에게도 분명 신라 멸망의 책임이 있습니다. 그걸 다 진성 여왕에게 뒤집어씌우는 것은 말도 안 되는 소리입니다.

한남성 변호사 증인의 얘기도 일리가 있습니다. 하지만 하필 진성 여왕이 재위하던 때에 그런 일이 터진 것은 우연의 일치만은 아닐 겁니다. 후삼국 시대를 장식했던 북원(지금의 원주)의 **양길**(梁吉), 죽주(지금의 안성)의 **기훤**(箕萱), 완산(지금의 전주)의 **견훤**(甄萱)이 모두 이 시기부터 등장했죠. 왜 그랬던 것 같습니까?

최치원 나도 『삼국사기』를 구해서 읽어 봤지만, 저자인 김부식이

김헌창의 난
신라 헌덕왕 14년(822년)에 웅천주 도독이었던 김헌창은 아버지 김주원이 왕위 계승 경쟁에서 밀려난 것에 불만을 품고 반란을 일으켰습니다. 김헌창은 장안이라는 국호와 경운이라는 연호까지 정했지요. 한때 남부 지방 전체를 장악할 정도로 기세를 떨쳤지만, 정부군의 반격에 밀린 김헌창이 자살하면서 막을 내립니다. 그의 아들 범문도 반란을 일으켰다가 역시 실패하고 목숨을 잃었습니다.

96각간의 난
신라 혜공왕 4년(768년)에 일길찬 대공과 그의 아우인 아찬 대렴이 일으킨 반란으로 무려 33일간 왕궁을 포위했지만 결국 토벌되었어요. 『삼국유사』에 의하면 96각간은 반란을 일으킨 각간의 수가 아니라 이에 연루된 전체 귀족들의 숫자를 뜻하는 것으로 보입니다.

가진 유교적인 시선과 남성 우월주의 사상이 책을 편찬할 때 영향을 끼쳤다는 점도 고려해야 하지 않겠습니까? 그리고 앞에서 말씀드렸듯이 당시 경주의 지도층은 일종의 집단 최면 상태에 빠져 있었습니다.

한남성 변호사　집단 최면 상태라고요? 그게 무슨 뜻입니까?

최치원　왕이 월상루에 올라가서 보고 들은 게 기와집과 노랫소리뿐이겠습니까? 시중 민공이 정말로 지방에서 반란이 일어나는 것을 모르고 있었을까요? 그들은 지방에서 일어난 민초들의 반란이 경주를 집어삼킬 것을 잘 알고 있었습니다. 하지만 그걸 막으려면 자신들의 권력과 재산을 내놔야만 했습니다. 그렇게 할 수 없으니까 현실에서 도망쳐 버렸죠. 후대의 사람들은 나를 개혁가라고 부릅니다만 당시에는 나처럼 얘기하는 사람이 많았습니다. 왕과 귀족들은 그 뜻에 공감하면서도 자신에게 손해가 되는 일은 하지 않으려고 들었습니다. 하지만 진성 여왕은 달랐습니다. 내가 시무 10조를 올렸을 때 기꺼이 받아들이려고 애쓰셨죠.

한남성 변호사　지금 하신 얘기가 다 사실이라고 해도 진성 여왕의 책임이 사라지는 건 아닙니다.

최치원　최소한 노력은 했잖습니까? 남성 왕들이 다 외면하고 피해 버린 현실을 바꿔 보려고 말입니다. 그리고 김헌창의 난이나 96각간의 난처럼 신라 후기에 얼마나 많은 반란이 일어났는지 아십니까?

재위 중의 반란을 두고 얘기하면 진성 여왕보다 더 큰 비난을 받을 왕들은 많습니다.

양쪽의 목소리가 점점 높아지자 듣고 있던 판사가 끼어들었다.

판사 이러다간 싸움이라도 나겠군요. 직권으로 양쪽 발언을 중단시키겠습니다. 증인은 이제 들어가도 좋습니다.

판사의 권유에 자리에서 일어난 최치원은 다른 여왕들 사이에 앉아 있던 진성 여왕과 눈을 맞추고는 법정 밖으로 걸어 나갔다.

하늘을 보는 창, 첨성대

첨성대는 동양에서 가장 오래된 천문대입니다. 선덕 여왕 때에 만들어졌으며 국보 제31호로 지정되어 있습니다. 첨성대는 약 365개의 돌로 만들어져 있는데요. 1년이 365일인 것과 마찬가지예요. 가운데 창문을 기준으로 보면 첨성대는 각 12단씩 총 24단으로 이루어져 있어요. 이는 1년 12달과 24절기를 의미합니다. 이런 신기한 숫자들은 우연의 일치라고만 보기는 어렵겠지요.

신라 사람들은 천문에 관심이 아주 많았는데요. 천문을 관찰하는 담당 부서를 따로 마련할 정도였습니다. 신라가 이렇게 천문을 중요하게 생각한 이유는 하늘의 움직임이 농사에 영향을 주기 때문이지요. 신라는 농업을 경제의 기반으로 둔 나라였기 때문에 백성과 나라가 풍요롭고 안정되기 위해서는 천문을 연구하는 것이 꼭 필요했습니다.

여왕들은 허수아비에 불과했을까?

판사 재판이 지나치게 과열된 것 같습니다. 양측 변호인은 소송 당사자와 증인이 1400년 전의 사람이라는 점을 명심해 주기 바랍니다. 당시는 지금과 정치 체제, 가치관 등이 확연히 다릅니다. 이 점을 무시하고 지나치게 증인을 윽박지르거나 대답을 강요하는 행위는 역사를 올바르게 바라보는 자세가 아닙니다. 한국사법정이 이승에서의 권력을 인정하지 않는 것은 역사를 공정하게 바라보기 위해서지 역사를 무시하자는 뜻이 아니라는 점을 잊지 마십시오. 이제 피고 측이 신청한 증인을 한 분 더 소환하겠습니다. 이번 재판의 마지막 증인이 되겠군요.

문이 열리자 백발에 검게 탄 얼굴의 노인이 들어섰다. 법정 경위

재판 셋째 날 | 여왕들은 신라에 어떤 존재였을까?   ● 115

의 안내를 받아 증인석 앞에 선 노인은 힘겹게 입을 열었다.

알천　나 알천은 오늘 이 자리에서 오직 진실만을 말할 것을 약속합니다.

판사　감사합니다. 자리에 앉아도 좋습니다.

한남성 변호사　존경하는 판사님, 피고 측 증인이라 피고 측 변호인이 신문하는 것이 마땅하겠지만 이번에는 제가 먼저 하면 안 되겠습니까.

판사　음, 피고 측 변호인 괜찮겠습니까?

김고려 변호사　저는 상관없습니다.

판사　그럼 먼저 증인 신문을 시작하세요.

한남성 변호사　양해해 주셔서 고맙습니다. 증인에게 묻겠습니다. 증인이 문헌 기록에 최초로 나온 것은 636년, 그러니까 피고가 왕으로 등극한 지 5년째 되던 해입니다. 그때 얘기를 들려주시겠습니까?

알천　더워지기 직전이었으니까 5월쯤이겠군요. 하루는 여왕이 나를 부르더니 왕궁 서쪽의 옥문지에서 개구리가 시끄럽게 울어대는데 꼭 성난 병사의 모습과 비슷하다고 했지요. 그러고는 서쪽에 있는 옥문곡이라는 계곡에 적병이 숨어 있는 게 틀림없다며 군사를 이끌고 나가라고 하더군요. 장군 필탄과 함께 병사를 이끌고 옥문곡에 도착했더니 과연 백제 장군 우소가 이끄는 백제군 500명이 숨어 있었어요. 그래서 모조리 잡아 죽이고 바위 위에 서서 활을 쏘던 장군 우소를 사로잡았습니다.

한남성 변호사　이 이야기는 『삼국유사』에 나와 있는 선덕왕지기삼사(善德王知幾三事), 즉 신덕 여왕의 지혜로움을 증명하는 세 가지 일 중 하나입니다. 『삼국사기』에도 비슷한 내용이 기록되어 있지요. 하지만 왕궁 서쪽에서 개구리가 우는 것만 가지고 백제군이 어디 매복했는지 알 수는 없겠죠. 진실을 말씀해 주시겠습니까?

알천　옥문곡에 매복한 백제군은 경주를 습격하려고 했던 것이 아니라 독산성을 공격하러 가던 병력이었어요. 아마 유신 공과 춘추 공이 풀어 놓은 첩자들이 알아냈을 겁니다.

　알천의 짤막한 대답에 방청객들이 웅성거렸다. 판사가 법봉을 두드리며 조용히 하라고 말한 다음에야 침묵이 찾아왔다.

한남성 변호사　그런데도 마치 자기가 예측한 것처럼 말했군요.

알천　다 그런 거지요. 군주는 여성이었고, 남성들처럼 위엄 있게 호령을 하거나 권위를 내세우지 못했어요. 정도의 차이는 있겠지만, 왕들은 자신이 보통 사람과 다르다는 점을 늘 보여 주고 싶어 했지요.

한남성 변호사　선덕 여왕과 뒤를 이은 진덕 여왕은 왕권을 강화하기 위해 여러 가지 조치를 취했습니다. 이 모든 것을 여왕들이 주도했습니까?

알천　결정이야 당연히 여왕들이 내렸지만 유신 공과 춘추 공의 입김이 들어간 것 또한 사실이지요.

한남성 변호사　피고가 647년 정월에 사망하고 사촌 동생인 승만이 왕위에 올랐습니다. 진덕 여왕이지요. 이 결정은 누가 내린 겁니까?

알천　후계자를 결정하는 문제는 왕의 고유 권한입니다. 가능하면 장자 상속이 좋겠지만, 여왕은 아들이 없었지요.

한남성 변호사　피고가 왕위에 오른 명목은 성골 남성이 없기 때문이었습니다. 신하들은 좀 더 합리적인 해답을 찾으려고 했지만, 진평왕이 그걸 방해했죠. 그런데 또 같은 이유로 여성에게 왕위를 물려주기로 했을 때 심정이 어떠셨습니까?

한남성 변호사의 말은 방청객들의 가슴을 꿰뚫었다. 피고석에 나란히 앉아 있던 선덕 여왕과 진덕 여왕은 서로의 손을 꽉 움켜잡았다. 곤혹스럽다는 듯 두 눈을 끔뻑거리던 알천은 잠시 후 입을 열었다.

알천   솔직히 말하면 화가 났었지요. 선덕 여왕의 즉위야 진평왕이 살아 있을 때 결정한 것이니 뭐라고 할 말이 없었지만 또다시 여왕이라니, 정신 나간 짓이라고 생각했어요.

알천의 말에 방청객들의 감정이 썰물과 밀물처럼 갈라졌다. 한쪽은 환호와 기쁨을, 다른 한쪽은 탄식과 절망을 내뿜었다.

한남성 변호사   증인은 진덕 여왕이 즉위한 647년 2월에 상대등에 임명됩니다. 그리고 진덕 여왕의 통치를 지켜봤는데요. 진덕 여왕 시대에는 당나라의 연호를 쓰고, 심지어 여왕이 직접 「태평송」이라는 오언시를 지어서 당나라에 바치기도 했습니다. 이런 친당 정책은 김춘추가 주도한 것인가요?

알천   그렇습니다. 김춘추는 선덕 여왕 때는 그나마 조심한 것 같았는데 진덕 여왕 때에는 제 세상처럼 활개를 쳤습니다.

한남성 변호사   그럼 진덕 여왕 시대의 주요 정책들은 모두 김춘추와 김유신이 결정했다고 봐도 무방합니까?

알천   생각은 주로 춘추 공이 했고, 유신 공은 그 생각을 실행에 옮겼지요.

한남성 변호사   이건 재판과 상관없이 궁금해서 여쭤 보는 겁니다. 진덕 여왕 때 남산 우지암에서 열린 다음 왕을 결정하는 화백 회의에서 호랑이가 뛰어들었다는 얘기가 사실입니까?

알천   맞아요. 그 소문 나도 들었어요. 그때 호랑이가 나타나서 다들 겁을 집어먹었는데 내가 한 손으로 호랑이 꼬리를 잡고 내팽개쳤다는 소문 말이지요. 맙소사, 그때는 젓가락도 나 혼자 들지 못할 정도였어요.

알천의 재치 있는 농담에 팽팽하던 법정 안의 분위기가 한순간에 풀어졌다. 그 모습을 지켜보던 선덕 여왕이 김고려 변호사에게 귓속말을 건넸다. 웃음을 잔뜩 머금은 한남성 변호사가 방청객과 판사를 우아하게 돌아봤다.

한남성 변호사　증인의 얘기를 종합해 보면 답은 명백합니다. 선덕 여왕과 진덕 여왕은 김춘추와 김유신의 뜻에 따르는 허수아비에 불과했고, 선덕 여왕을 폐위시키라는 귀족들의 요구 역시 정당한 절차에 의한 것이었습니다. 이것으로 여왕들이 신라에 아무런 도움이 되지 않았다는 제 의뢰인의 주장이 진실로 밝혀졌다고 생각합니다. 이상으로 원고 측 증인 신문을 마칩니다.

의기양양한 표정의 한남성 변호사가 자리에 앉자 판사가 김고려 변호사를 바라보며 말했다.

판사　피고 측 변호인, 신문하시지요.

김고려 변호사　네. 증인이 비담의 난에 가담하지 않은 이유는 무엇입니까?

하하하. 이 이야기는
『삼국유사』에
기록되어 있지.

알천　군주는 신하를 선택할 수 있지만, 신하는 군주를 선택할 수 없다고 생각했기 때문입니다.

분위기가 다시 반전되었다. 선덕 여왕은 한숨과 함께 웃음을 지었고, 비담은 굳은 표정으로 알천을 쏘아보았다.

김고려 변호사　외람된 말씀이지만 증인은 전통적인 진골 귀족입니다. 성향이 비담 쪽과 가까우신데 왜 그의 반란에 참여하지 않으셨습니까?

알천　시대가 변하고 있었으니까요. 내가 변화를 얘기하니까 놀라운가요? 변화와 혁신은 20세기만의 전유물이 아닙니다. 가야 같은 소국과는 비교조차 안 되는 백제, 고구려와 싸워서 이겨야 했던 신라에도 변화는 반드시 필요한 것이었어요. 당시는 예전처럼 성 몇 개 뺏고 노비로 쓸 포로들을 잡아 오는 것 정도로 전쟁이 끝나던 시대가 아니었지요. 몇만 명이 수일간 싸우고, 수천 명이 죽거나 다치는 싸움이 하루가 멀다고 일어났어요. 이런 시대에 신라가 살아남으려면 명예보다는 승리를 갈망하고, 징을 치고 적진 앞에 나아가 가문과 이름을 크게 외치는 용기보다는 어떻게든 적장의 목을 취하는 악착같은 사람이 필요합니다. 적어도 나나 비담은 아니지요.

김고려 변호사　그럼 두 여왕의 통치에 대해서는 어떻게 생각하십니까?

알천　내게 무슨 말을 듣길 원하는 겁니까?

김고려 변호사　허수아비나 꼭두각시 같은 얘기 말고 두 여왕이 나라를 통치한 것이 신라에 도움이 되었는지, 아니면 피해를 줬는지에 대한 대답입니다.

알천　두 여왕의 시대는 위기의 연속이었어요. 백제와 고구려의 공격에 속수무책으로 당하면서도 해답을 찾지 못했지요. 특히 진덕 여왕 때에는 노골적으로 '당나라 따라잡기'를 하는 바람에 눈살이 찌푸려질 지경이었습니다.

섭정
군주가 나라를 직접 통치할 수 없을 때 대신 나라를 다스리는 것, 또는 다스리는 사람을 말해요. 알천은 645년 진덕 여왕이 죽은 후 섭정으로 추대되었지만 김춘추에게 왕위를 양보했습니다.

　알천의 증언에 법정 안이 싸늘해졌다. 잠깐 눈을 감았던 그는 눈을 뜨면서 말을 이어 갔다.

알천　하지만 그 상황에서는 누가 왕이 되었어도 한계가 있었다고 봅니다. 그리고 당시는 성골만이 왕위에 올라야 한다는 인식이 절대적이었지요. 그래서 여성이 왕위에 오를 수 있었습니다. 성골이 남아 있는 상황에서 화백 회의가 엉뚱한 인물을 왕위에 올렸다면 상상하기도 싫은 혼란이 왔을 겁니다.

김고려 변호사　만약 비담이 화백 회의에서 결정한 사안이라며 증인이 왕위에 오를 것을 권고했다면 어떡하셨을 겁니까? 진덕 여왕이 죽은 후에 화백 회의에서 증인이 섭정으로 추대된 것처럼 말입니다.

알천　나라고 욕심이 없었겠어요? 평화로운 시기였다면 받아들였겠지요. 하지만 그 당시는 격변의 시대였고, 거기에 걸맞은 인물이 필요했습니다. 난 그럴 만한 인물이 아니고요. 거기다 그 상황에서 내가 왕위에 오르면 신라는 두 패로 갈라져서 싸움을 벌여야 했어요. 같은 편끼리 싸우는 건 이겨도 이기는 게 아니지요.

김고려 변호사 말씀 감사합니다. 판사님! 이상으로 증인 신문을 마치도록 하겠습니다.

판사 수고하였습니다. 그만 들어가셔도 좋습니다.

법정 경위의 부축을 받으며 자리에서 일어난 알천은 입을 굳게 다문 채 법정 밖으로 나갔다.

판사 이것으로 이번 재판의 공식 절차를 모두 마무리하겠습니다. 잠시 휴식을 취한 후에 최종 진술을 듣는 시간을 갖도록 하겠습니다. 모두 수고하셨습니다!

왜 신라에만 여왕이 있었을까?

모란꽃에는 정말 향기가 없을까?

실제로 모란꽃은 상당히 강한 향을 가진 꽃입니다. 하지만 당나라 귀족들 사이에서는 모란을 기르는 것이 유행하여 품종 개량이 활발하게 이루어졌던 만큼 향이 거의 없는 모란꽃도 있었을 가능성은 있지요. 그림에 나비가 없는 것은 당시 중국의 화풍으로는, 부귀를 상징하는 모란꽃에 팔십 노인을 상징하는 나비는 그려 넣지 않는 것이 관례이기 때문이라는 견해도 있어요. '모란꽃 이야기'는 독신인 여왕을 무시하는 이야기일까요, 총명함을 강조해서 왕권을 강화하기 위한 이야기일까요? 여성이 왕위에 오른 현상에 대해 이러저러한 해석이 가능한 이야기 가운데 하나입니다.

모란꽃

다알지 기자

아! 방금 선덕 여왕 대 비담의 재판이 모두 끝났다는 소식이 들어왔습니다. 이제 최종 진술과 판결만 남은 상태인데요. 오늘은 마지막 재판답게 양측의 불꽃 튀는 논쟁이 벌어졌다고 합니다. 첫 번째 증인으로 나온 최치원은 진성 여왕이 진정성을 가지고 개혁에 임했으며 책임지는 자세를 보여 주려고 노력했다고 여왕을 적극적으로 옹호했습니다. 이에 원고 측 변호인은 진성 여왕의 시대에 대규모 반란이 계속 일어났다는 점을 들어 반박했습니다. 다음 증인으로 나온 알천은 두 여왕의 시대가 혼란한 시기였고 선덕 여왕 사후 또다시 여성이 왕으로 지목된 사실에 분노를 금치 못했다고 털어놓았습니다. 하지만 어느 왕이 즉위했든 그 상황에서는 결과가 크게 다르지 않았을 것이라고 증언했습니다. 오늘은 마지막 재판이니만큼 소송 당사자들과 인터뷰를 갖도록 하겠습니다.

비담

처음 소송을 제기했을 때 왜 사서 욕먹을
짓을 하냐는 비난을 많이 받았습니다. 하지만
이미 오래전에 지나간 역사라고 해서 잘못된 것을
그냥 놔둘 수는 없지 않겠습니까? 최종 판결이 어떻게 나올지는 모르
겠지만, 재판부가 현명한 판단을 내릴 것으로 믿습니다. 그리고 나와
행동을 함께했던 염종이 증언했지만, 화백 회의에서 여왕을 폐위시키
기로 합의를 봤습니다. 이는 신라 고유의 전통으로 왕권의 지나친 독
주를 막는 장치였습니다. 다른 시대나 국가의 기준으로 이를 옳다 그
르다 하는 것은 오만한 간섭입니다. 반란을 일으킨 역적은 화백 회의
가 내린 결정에 수긍하지 않은 선덕 여왕과 김유신입니다. 그리고 선
덕 여왕뿐만 아니라 다른 두 명의 여왕들에게 소송을 제기한 이유는
세 명의 여왕 모두 신라에 나쁜 영향만을 남겨 놓았기 때문이죠. 이런
저런 얘기를 하는 사람들이 많은데 나는 순수하게 신라를 사랑하는 마
음으로 이번 소송을 제기한 겁니다.

선덕 여왕

　　최후 진술을 통해 비담이 제기한 소송의 부당성과 나와 다른 여왕들의 통치가 신라에 도움이 되었다는 점을 적극적으로 얘기할 계획입니다. 내가 즉위했을 당시 신라는 백제와 고구려의 공격을 받아 큰 위기를 겪는 중이었습니다. 증인으로 나온 알천의 말대로 내가 아니라 누가 그 자리에 있었다고 해도 그 위기를 한순간에 벗어나지는 못했을 겁니다. 나의 정책이 옳았다는 것은 훗날의 역사가 증명합니다. 이번 재판은 패배한 비담 측의 치졸한 보복입니다. 그리고 나를 위해 나서 준 로자 룩셈부르크를 비롯해 시위에 동참한 다른 여성 영혼들에게도 진심으로 고맙다는 말을 남깁니다.

여왕이 아닌 선덕왕으로 나를 심판해 주세요
VS
여왕들은 무능한 통치자였어요

판사　지난 사흘간 피고와 원고는 변호인과 증인을 통해 자신들의 입장을 진술했습니다. 이제 마지막으로 직접 얘기할 기회를 드리도록 하겠습니다. 먼저 피고부터 진술하겠습니까?

선덕 여왕　어른이 된 어느 날 아버지께서 나를 부르더니 왕위를 잇게 되었으니 그리 알라고 하셨습니다. 나는 왕위를 받아들여야만 했습니다. 그게 마지막 성골인 나의 운명이라고 믿었습니다. 아버지가 돌아가시고 내가 왕위에 오르던 날, 진골 귀족들과 눈이 마주쳤죠. 그리고 그들의 눈에 담긴 서늘함을 읽었습니다. 그들에게 여성은 후계자를 낳아 주는 역할을 하는 장식품이거나 어리석고 나약한 존재에 불과했죠. 그런 여성에게 고개를 숙여야 한다는 굴욕감을 애써 감춘 날 선 눈빛들이 내 앞에 장막처럼 드리워졌을 때, 내가 어떤 심정이었는지는 아무도 이해하지 못할 것입니다. 나를 고소한 원고는 이 문제가 남성과 여성의 차별에 관한 문제가 아니라고 역설했습니다. 하지만 나뿐만 아니라 내 사촌인 진덕 여왕과 후대의 진성 여왕까지 비난의 대상으로 삼은 것은 여성에게 복종한 사실을 치욕스럽게 생각하고 있다는 것을 의미합니다. 나는 나의 통치가 어떤 이에게는 영광이 가득한 성공의 시기였지만 또 다른 이들에게는 좌절과 실패로 이어진 참담한 악몽이었다는 사실을 인정합니다. 하지만 나와 여성 통치자들이 신라에 불필요한 존재였으며 지워야 할 기억이라는 주장은 인정할 수 없습니다. 나의 통치가 문제였다면 선덕여왕이 아니라 선덕왕으로서 심판받겠습니다. 존경하는 판사님의 현명한 판결을 기대합니다.

판사 수고하셨습니다. 이번에는 원고가 최후 진술을 하시지요.

비담 632년, 그녀가 왕위에 오르는 모습을 보면서 나는 내내 '이건 아니다'라는 생각을 지울 수가 없었습니다. 당시 신라가 어떤 상황에 부닥쳤는지는 재판 과정에서 증언했기 때문에 더 말하지 않겠습니다. 하지만 최선을 다했고, 남성이 왕위에 있었다고 해도 더 잘할 수 없었다는 말에는 반박하지 않을 수 없군요. 우선 최선을 다했다는 말은 본인의 능력 부족을 변명하는 것에 불과합니다. 그 당시 신라가 처한 상황은 누가 왕이 되어도 단시간에 해결할 수 없었다고요? 유능한 귀족과 장군을 놔두고 가야 출신의 김유신만을 중용해서 싸움을 맡겼고, 외교 문제는 김춘추에게만 매달렸습니다. 김유신이 백전백승의 명장이었다고요? 그럼 왜 백제로 쳐들어가지 못하고

최후 진술 하세요.

비담은 여성에게 복종해야 하는 것이
싫었을 뿐입니다.

여왕들은 신라를 제대로
다스리지 못했어요.

각간
신라 때의 최고 관직을 뜻합니다.

잃어버린 영토만 되찾았습니까? 김춘추의 외교력이 뛰어났다는 말에도 동의할 수 없습니다. 김춘추는 고구려와의 협상도 실패하고 왜와의 협상도 성과를 거두지 못했습니다. 그럼에도 선덕 여왕은 계속 이 두 사람만을 중용했습니다. 그리고 여성이 왕위에 올라서는 안 될 근본적인 이유는 후계자 문제입니다. 왕이라면 무릇 나라를 잘 통치하고, 후계자를 낳아서 나라를 안정시킬 의무가 있습니다. 후계 구도가 불안하면 귀족들이 다른 마음을 품는 것은 당연합니다. 그런데 여인이 왕위에 오르면 어떤 방법으로 후계자를 낳고 왕위를 물려줘야 합니까? 남편이 될 사람은 누구여야 하고, 어떤 대접을 해야 합니까? 덕만은 유일하게 남은 성골이기 때문에 왕위에 올랐습니다. 그 얘긴 그녀가 누구와 결혼해서 후계자를 낳는다고 해도 그 아이는 성골이 아니라는 의미입니다. 그런 상황이라면 차라리 신라 초기처럼 사위가 왕위에 오르거나, 화백 회의를 통해 적당한 인물을 왕으로 뽑아야 했습니다. 그리고 나는 화백 회의를 주재하는 상대등으로서 합법적인 절차에 의해 덕만을 폐위시켰습니다. 하지만 그녀는 백제와 고구려가 틈을 노리는 판국에 김유신의 군대까지 동원해서 나를 공격했습니다. 다른 여왕들도 마찬가지입니다. 뒤를 이은 진덕 여왕은 허수아비에 불과했고, 후대에 왕위에 오른 진성 여왕은 **각간** 위홍과 정을 통하고 국정을 어지럽혔습니다. 물론 멸망하기 직전이긴 했지만, 그녀가 통치하던 시기에 지방에서 반란이 본격적으로 일어났다는 점은 변명의 여지가 없습니다. 세 명 모두 평균 이하 내지는 최악의 평가를 받았지요. 이는 여성이라는 이유만으로 비난받고 있다는 선덕 여왕의 주장이 얼마나 근거가 없는지를 증명하고 있습니다. 이상입니다.

양쪽의 얘기가 모두 끝나자 무거운 침묵이 법정에 흘렀다. 서기가 글쓰기를 완료한 것을 확인한 판사가 입을 열었다.

판사　양쪽의 얘기는 잘 들었습니다. 이상으로 이번 재판의 모든 절차를 마치도록 하겠습니다. 왜 신라에만 여왕이 존재했는지, 그리고 그 여왕의 존재가 신라에 어떤 도움을 주었는지에 대한 판단은 쉽게 내려질 것 같지 않습니다. 이제 배심원들과 협의한 뒤 4주 후에 최종 판결을 내리겠습니다. 이 글을 읽는 독자 여러분도 나름대로 판결을 내려 주길 바랍니다. 모두 수고하셨습니다.

땅! 땅! 땅!

역사공화국 한국사법정 재판 번호 07 비담 vs 선덕 여왕

주문

1. 군주의 통치 행위는 법적인 판단의 대상이 될 수 없다. 역사상 그런 시도가 없었던 것은 아니지만 대부분 객관적이지 못했고, 특히 반대파를 제거하기 위한 수단으로 악용된 사례가 많다.
2. 원고는 피고들이 여성이기 때문에 통치를 제대로 하지 못했다는 명확한 근거를 제시하지 못했다. 선덕 여왕의 통치 방식에 문제가 있었다는 주장과 화백 회의를 통해 합법적으로 폐위를 결정했다는 주장 역시 신빙성이 없다.
3. 배심원들은 역사를 연구하는 학자들과 배우는 학생들에게 신라의 세 여왕에 대해서 좀 더 자세히 연구하고 토론할 것을 촉구하며 원고의 소송을 기각한다.

판결 이유

신라에는 세 명의 여왕이 존재했다. 이는 남성과 여성이 평등하게 대우받지 못하던 고대에서 대단히 특이한 일이었다. 이는 논란의 여지가 있기는 하지만 법흥왕 시기에 형성된 골품제라는 신분제 중 최상위 계층인 성골만이 왕위에 오를 수 있다는 관념 때문에 일어난 일이다.

남성 지배층은 여성이 군주로 즉위해서 제대로 통치할 수 있을지 의구심을 품었다. 또한 미혼 여성이 왕으로 즉위하면 후계 구도에 문제가 발생할 수 있다고 우려했으며 화백 회의를 통해 남성 후계자를 결정할 수 있는데도 이런 방법을 무시하고 여왕이 즉위했다는 것에 거부감을 표시했다. 이 때문에 최초의 여왕인 선덕 여왕의 즉위 직전과 말년에 남성 지배층에 의한 반란이 일어났다. 하지만 남녀의 성별이 통치자로서의 능력을 구분 짓는 잣대가 될 수는 없다. 이는 비교적 동등한 교육과 기회를 주는 현대에 여성이 활발하게 사회 활동을 하는 것으로 증명된다. 세 명의 여왕이 통치자로서 부적합했다는 주장이 설득력을 얻으려면 같은 실패 사례가 존재해야만 한다.

　　이런 근거가 없는 이상 여성이 신라를 통치하는 데 적합하지 않았다는 주장은 근본적인 모순을 지니고 있다. 따라서 본 법정은 여성이라는 이유만으로 여왕들이 신라의 통치자로서 적당하지 않다는 원고의 주장을 기각한다.

역사공화국 한국사법정 담당 판사 공정한

"저승에서도 남녀 차별은 절대 안 돼!"

"이승에서도 여성이라는 이유로 차별받는 것이 서러웠는데 저승까지 와서도 차별을 받아야 하는 게 웬 말이냐!"

"이승에서도 성차별은 구시대적인 발상이다! 저승은 반성하라!"

"영혼 출입국 사무소는 남성과 여성을 구분하는 입국 심사를 즉각 철폐하라!"

영혼 출입국 사무소 앞에는 한 무리의 여성 영혼들이 시위를 벌이는 중이었다. 작은 키의 로자 룩셈부르크가 주먹을 불끈 쥐고 앞장서서 여성 영혼들을 이끌었다. 영혼들이 승자의 마을이나 패자의 마을로 가는 것을 판단하는 출입국 사무소는 여성과 남성이 각각 다른 출입구로 들어가서 심사를 받아야 했다. 출입국 사무소 관장을 맡고 있던 남성 영혼은 땀을 뻘뻘 흘리며 시위대를 진정시키기 위해 애를

썼다.

"여러분이 원하는 바는 잘 알겠지만, 남성과 여성을 구별해서 심사하는 것은 차별과는 아무 상관이 없습니다. 아까 말씀드렸듯이 여성 영혼들의 심판관 중 절반 이상을 여성들로 채우지 않았습니까?"

"흥! 심사 결과를 투명하게 공개하고, 당사자의 반론 기회를 보장하라는 요구는 끝끝내 거절했죠. 그래서 잔 다르크가 하마터면 패자의 마을로 갈 뻔했잖아요."

"이봐요. 여긴 입국 심사를 하는 곳이지 재판소가 아니라고요. 그런 건 법정에서 얼마든지 다룰 수 있잖아요."

결국 출입국 관리소 소장이 폭발하고 말았다. 그의 기세에 놀란 시위대의 여성 영혼들이 흠칫 놀랐지만 로자 룩셈부르크는 꼼짝도 하지 않았다.

"대체 왜 저승에서도 남녀 차별을 당해야 하는 거죠?"

"정 억울하면 역사 법정에 가서 따지든지, 더 이상 업무를 방해하면 나도 그냥 두고 보지는 않겠소."

"좋아요. 정 그렇다면 법정에서 이 문제를 가리도록 하죠."

또랑또랑한 목소리에 로자 룩셈부르크는 옆으로 고개를 돌렸다. 가벼운 외출복 차림의 선덕 여왕이 다른 여왕들과 함께 출입국 사무소 관장에게 두루마리를 하나 건넸다. 얼떨결에 두루마리를 받은 그에게 여왕이 말했다.

"이건 출입국 관리 사무소의 잘못된 관행에 대해 항의하는 여성 영혼들의 서명을 받은 연판장입니다. 승자의 마을에 있는 대다수의 여성 영혼들이 서명했습니다. 만약 우리들의 요구 조건을 들어주지 않으면 이들을 상대로 재판을 하셔야 할 겁니다."

"엘리자베스 1세, 조피 숄, 아멜리아 에어하트, 헬렌 켈러, 프리다 칼로⋯⋯."

두루마리를 펼쳐서 명단에 적힌 이름을 확인하던 출입국 사무소 관장이 입을 다물지 못했다.

"우리의 요구 조건이 무리하다고 생각하지는 않습니다. 인력 충원이 문제라면 여기 서명을 한 영혼들이 기꺼이 일을 맡겠다고 했습니다."

"좋습니다. 긍정적으로 검토할 것을 약속드리겠습니다. 그러니 시위는 여기서 중단해 주셨으면 좋겠습니다."

"기꺼이 기다려 드리죠."

선덕 여왕이 당당하게 대답하고는 돌아섰다. 로자를 비롯한 여성 영혼 시위대가 지른 환호성이 구름 한 점 없는 푸른 하늘 위로 멀리 멀리 퍼져 나갔다.

선덕 여왕의 흔적을 찾을 수 있는 경주

신라의 수도였던 금성이 바로 지금의 경주입니다. 그래서 경주에 가면 당시 신라 시대의 화려했던 문화와 기상을 직접 눈으로 보고 몸으로 느낄 수 있습니다.

신라 최초의 여왕이자 27대 왕인 선덕 여왕의 무덤인 '경주 선덕 여왕릉'도 이곳에서 볼 수 있습니다. 사적 제182호로 지정되어 있는데, 높이 6.8m, 지름 23.6m의 원형을 이루고 있는 것이 특징입니다. 밑둘레에 돌로 2~3단의 둘레돌을 쌓아 만들었습니다. 『삼국사기』에 의하면 선덕 여왕이 자신이 죽거든 부처의 나라인 도리천에 묻어 달라고 하였다고 전해집니다.

또한 경주에는 동양에서 가장 오래된 천문대이자, 당시 신라의 높은 과학 수준을 보여 주는 귀중한 문화재인 첨성대를 직접 볼 수 있습니다. 국보 31호로 지정되어 있는 첨성대는 받침대 역할을 하는 평평한 기단부 위에 술병 모양의 원통부를 올리고 맨 위에 '우물 정(井)'자 모양의 정상부를 얹은 모습입니다. 첨성대는 당시 신라에서 하늘의 움직임에 따라 농사 시기를 결정하였다는 점에서 그 역할이 무엇인지 짐작할 수 있습니다.

당시 신라에서 불교를 장려하였다는 점을 뒷받침하듯 경주에는 불교문화와 사적지를 많이 찾아볼 수 있습니다. 그중에서도 경주의 황룡사지는 역사 깊은 장소이지요. 황룡사는 신라 진흥왕 14년인 553년에 궁궐을 짓다가 누런 용, 즉 황룡이 나타났다는 말을 듣고 절로 고쳐 짓기 시작하여 완성된 절입니다. 이후 선덕 여왕 12년에 외적의 침입을 막기 위한 바람을 담아 9층 목탑을 짓게 됩니다. 백제의 장인 아비지에 의해 완공되었지요. 하지만 황룡사는 고려 시대 때 몽고의 침입으로 모두 불타 없어져 지금은 그 흔적만 남아 있습니다. 하지만 그 흔적을 더듬어 가면 신라인들의 불교에 대한 마음과 염원을 느낄 수 있지요.

찾아가기 경주 선덕 여왕릉　경북 경주시 보문동 산79-2
　　　　　　　　　　　전화번호 : 054-779-8743~8759
　　　　경주 첨성대　　경북 경주시 인왕동 839-1
　　　　　　　　　　　전화번호 : 054-772-5134
　　　　경주 황룡사지　경북 경주시 구황동 320-1
　　　　　　　　　　　전화번호 : 054-779-8743~8759

선덕 여왕릉

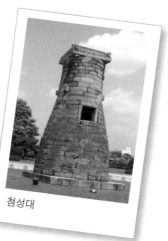

첨성대

『역사공화국 한국사법정 07 왜 신라에만 여왕이 있었을까?』와 관련한 논술 문제를 풀어 봅시다.

※ 다음 제시문을 읽고 물음에 답하시오.

(가) 인도에는 카스트 제도라는 독특한 신분 제도가 있었습니다. 기원전 1300년경에 성립된 이 제도는 신분에 따라 브라만(승려), 크샤트리아(왕이나 귀족), 바이샤(상인), 수드라(일반 백성 및 천민) 등 네 가지로 구분하였습니다. 심지어 최하층인 수드라에도 속하는 않는 불가촉천민이 있었는데, 불가촉천민은 '이들과 닿기만 해도 부정해진다'는 생각 때문에 이렇게 부르지요. 각 계급도 각각의 직업에 따라 세분화되었습니다. 1947년 카스트 제도가 법적으로 금지되기는 했지만 여전히 차별이 존재하고 있는 것이 인도 사회의 현실이기도 합니다. 신분이 다른 계급 간에는 혼인이 되지 않으며 이름을 지을 때도 신분의 차이가 존재할 정도니까요.

(나) 신라 시대에는 골품 제도가 있었습니다. 이 제도는 개인의 혈통의 높고 낮음에 따라 정치적인 출세, 혼인, 집의 규모, 옷의 색 등 사회생활 전반에 걸쳐 여러 가지 특권과 제약이 가해지는 제

도였습니다. 6세기 초는 이미 법제화되었으며, 신라의 삼국 통일을 거쳐 멸망에 이를 때까지 약 400년 동안 거의 변함없이 신라 사회를 규제하는 중요한 근본으로서 기능, 작용하였지요. 신라인의 사회 활동과 정치 활동은 골품에 따라 결정되었는데, 부모가 모두 왕족인 성골, 부모 둘 중 한 사람이 왕족인 진골은 최고 귀족이었습니다. 성골과 진골은 중요한 관직을 독점할 수 있었지요. 이후 6두품부터 1두품까지의 일반 귀족은 관직의 승진에도 한계가 있었습니다. 서로 다른 골품끼리는 혼인도 허락되지 않았고, 집의 크기도 차이가 있었습니다.

1. (가)는 인도의 카스트 제도에 대한 내용이고, (나)는 신라의 골품 제도에 대한 내용입니다. (가)와 (나)의 내용을 바탕으로 두 제도의 공통점과 차이점에 대해 쓰시오.

※ 다음 제시문을 읽고 물음에 답하시오.

(가) 엘리자베스 2세는 영국의 40번째 군
주이며 8번째 여왕입니다. 1926년 윈
저 왕가 조지 6세의 장녀로 런던에서
태어났으며, 제2차 세계대전 당시는
스스로 영국 여자 국방군에 입대해
구호품을 전달하는 일을 하기도 했습
니다. 1947년 21세에 필립공과 결혼

한 뒤 큰아들 찰스 왕세자와 앤 공주를 낳았습니다. 왕위를 물
려받은 뒤에는 앤드류 왕자와 에드워드 왕자를 낳았지요. 이후
아버지가 돌아가시자 1952년 2월 6일 26세의 나이에 왕위에 오
릅니다. 반세기 이상 영국을 다스리고 있는 엘리자베스 2세는
"여왕은 경험과 위엄과 조용한 권위로 이 나라를 이끌어왔다"
는 평가처럼 조용히 영국을 다스리며 '마음의 여왕'으로 존경을
받고 있습니다.

(나) 핀란드에서는 2000년 2월 첫 여성 대통령이 탄생했습니다. 외
무장관을 지낸 타르야 할로넨이 전 총리를 누르고 6년 임기를
가진 대통령이 되었기 때문입니다. 여성의 공직 진출이 활발하
기로 유명한 나라인 핀란드에서 첫 여성 대통령이 나온 것입니
다. 2006년의 대통령 선거에서도 표를 얻어 재선에 성공한 타르

야 할로넨 대통령에게 한 학생이 "어떻게 하면 대통령이 될 수 있었느냐?"라고 질문을 했다고 합니다. 이 질문에 할로넨 대통령은 다음과 같이 대답했다고 합니다. "저는 대통령이 되는 것을 제 인생의 목표로 두지 않았습니다. 다만 정치인이 되고 싶었죠. 보다 나은 세상을 만드는 데 기여하고 싶었으니까요. 대통령이 되는 것을 삶의 목표로 두기보다는 먼저 평생 신뢰할 수 있는 친구들을 만나고 아무리 작은 일이라도 스스로 사회를 위해 할 수 있는 일이 무엇인지를 생각하고 실행하라고 일러주고 싶습니다."

2. (가)는 영국의 여왕에 관한 내용이고, (나)는 핀란드의 전 대통령에 관한 내용입니다. 두 여성 지도자의 이야기를 읽고 선덕 여왕이 왕권을 가진 것의 정당함을 지지하거나 비판하는 입장 중 하나를 골라 쓰시오.

해답 1 인도의 카스트 제도와 신라의 골품제는 많은 공통점이 있습니다. 먼저 신분 제도가 대대로 세습된다는 점이 가장 큰 공통점입니다. 부모가 왕족이면 성골이 되는 신라의 골품제처럼 인도의 카스트 제도 역시 부모의 신분을 자식이 물려받게 됩니다. 또한 제도 자체의 엄격성이 닮은 부분입니다. 다른 계급의 사람과는 결혼을 할 수 없는 점 등 계급 간의 구분을 명확히 한 점에서 공통점을 찾을 수 있습니다.

하지만 인도의 카스트 제도와 신라의 골품제는 차이점도 존재합니다. 우선 인도의 카스트 제도는 기본적으로 4개의 계급으로 신분을 나누고 있습니다. 브라만-크샤트리아-바이샤-수드라 바로 그것입니다. 하지만 신라의 골품제는 성골-진골-6두품-5두품-4두품-3두품-2두품-1두품에 이르는 모두 8개의 신분 계급으로 나누어졌습니다. 또한 인도의 카스트 제도에서는 승려인 브라만을 가장 높은 신분으로 구분한 반면, 신라의 골품제에서는 왕족인 성골을 가장 높은 신분으로 구분한 차이점이 있습니다.

해답 2 엘리자베스 2세 여왕과 타르야 할로넨 대통령 모두 훌륭한 여성 지도자입니다. 항상 미소 띤 얼굴로 오랜 기간 영국을 조용히 다스려 온 엘리자베스 2세 여왕은 그런 의미에서 많은 칭송을 받고 있습니다. 또한 왕성한 활동을 하며 정치 활동에 열심이었던 타르야 할로넨 대통령 역시 핀란드의 첫 여성 대통령 임무에 최선을 다했습니다. 그래서 재선까지 될 수 있을 정도로 국민의 지지를 받기도 했지요. 이렇게 여성이 지도자가 되어 훌륭한 정치를 펼친 사례는 드물지 않게 찾을 수 있습니다.

　이런 의미에서 선덕 여왕이 여성이라는 이유만으로 왕권을 갖는 것을 부당하다고 말해서는 안 됩니다. 여성과 남성의 차별 없이 왕권을 가질 자격이 되는지 안 되는지를 따지는 것이 우선이기 때문입니다. 그 왕권의 자격이 세습이건, 국민의 지지건 말이지요.

　물론 선덕 여왕이 살았던 당시 신라가 이웃나라인 백제와 고구려에 큰 위협을 받고 있었다는 점은 충분한 위험 요소가 될 수 있습니다. 하지만 엘리자베스 2세 여왕이 즉위 전에 제2차 세계 대전에서 중요한 역할을 했다는 점과, 다양한 활동을 펼친 타르야 할로넨 대통령의 모습을 보면 '여성이라서' '여성이기 때문에' 못할 것은 아니라고 생각합니다.

* 해답은 예시로 제시된 내용입니다.

왜 신라에만 여왕이 있었을까?

역사공화국 한국사법정 07

왜 신라에만 여왕이 있었을까?

© 정명섭·박지선, 2010

초판 1쇄 발행 2010년 9월 30일
개정판 1쇄 발행 2012년 6월 25일
개정판 7쇄 발행 2022년 1월 4일

지은이 정명섭 박지선
그린이 안희숙
펴낸이 정은영

펴낸곳 (주)자음과모음
출판등록 2001년 11월 28일 제2001-000259호
주소 10881 경기도 파주시 회동길 325-20
전화 편집부 (02) 324-2347 경영지원부 (02) 325-6047
팩스 편집부 (02) 324-2348 경영지원부 (02) 2648-1311
이메일 jamoteen@jamobook.com

ISBN 978-89-544-2307-6 (44910)

과학공화국 법정시리즈 (전 50권)

생활 속에서 배우는 기상천외한 수학 · 과학 교과서!
수학과 과학을 법정에 세워 '원리'를 밝혀낸다!

이 책은 과학공화국에서 일어나는 사건들과 사건을 다루는 법정 공판을 통해 청소년들에게 과학의 재미에 흠뻑 빠져들게 할 수 있는 기회를 제공한다. 우리 생활 속에서 일어날 만한 우스꽝스럽고도 호기심을 자극하는 사건들을 통하여 청소년들이 자연스럽게 과학의 원리를 깨달으면서 동시에 학습에 대한 흥미를 가질 수 있도록 구성하였다.